JN218211

わたしの旅ブックス
016

心がワクワクして元気が出る!
37の旅の物語

西沢泰生

産業編集センター

「どんなに洗練された大人のなかにも、
外に出たくてしょうがない小さな子どもがいる」

ウォルト・ディズニー（映画監督・アニメーター・実業家）

はじめに　冒険へのいざない

前ページのディズニーの言葉。

これ、すっかり落ち着いてしまって、夢を追いかけることや、冒険したいという気持ちに折り合いをつけてしまった、たくさんの大人たちに向けた、「エールの言葉」のような気がします。

私は、この言葉を見た瞬間、**『第10回アメリカ横断ウルトラクイズ』の予選を通った日**のことを思い出しました。

「ウルトラクイズ」をご存知ない方のために簡単に説明しましょう。

同番組は、かつて放送されていた『木曜スペシャル』という番組の枠内で、年に1度、数週間にわたって放送されたクイズ番組です。もともとは、１９７７年（昭和52年）に、日本テレビ開局25年記念番組として放送されたのが最初で、翌年からレギュラー化したのです。

ルールは、国内予選を突破した一般視聴者の挑戦者たちが、アメリカの本土にわたって、各地で行なわれるクイズに挑戦し、敗者はその場から強制的に即、帰国。

最後、ニューヨークまで残った２人が決勝を行なうという、当時では考えられないようなスケールの大きな番組でした。

司会者の福留功男（ふくとめのりお）アナウンサーが国内予選で叫ぶ決まり文句、「ニューヨークへ行きたいかーっ！」は、流行語になりましたっけ。

その国内の第1次予選は、今はなき（笑）、後楽園球場（のちに東京ドーム）に応募した挑戦者たちを一堂に集めての○×クイズ。１問でも不正解したらアウトで、残り１００人になるまでそれを続けるという形式。

この難関。私は、６回目の挑戦で１００人のなかに残ることができました。

私が通過した第10回のとき、後楽園に集まった挑戦者は、全部で1万7，162人。そのなかから、100人に残ったのですから、わが人生においても、3本の指に入る奇跡的な出来事だったといえるでしょう。

○×クイズを突破した、100人プラス敗者復活で残った10名の計110名は、予選が終わると、後楽園スタジアム内の一室に通されて、そこで今後の日程や参加規程などについての説明を受けました。

その説明会で知った事実。

それは、決勝の地、ニューヨークまで勝ち残るためには、丸1か月間かかるということ。どこで負けて帰るかは別として、挑戦者は全員が1か月間スケジュールを空けてくるのがウルトラクイズの旅への参加条件だったのです。

当然、その間は、学生は大学を、社会人は勤め先を休まなければなりません。今のようにネットはありませんから、普段の生活と、完全に隔離されます。

これ、それなりの覚悟と調整が要りますよね。

当時の私は、新卒入社として会社に入って、まだ、半年にも満たない新人でした。ウルトラクイズに出たい一心で予選を突破したものの、スタッフから日程の説明を聞くうちに、新卒1年目の自分が、1か月の休みをとるなど、とても会社に言い出せない……と、考えていました。

恋焦がれたウルトラクイズのスタートゲートに立ってみたら、「社会人1年生としての責任」と向き合うという現実を突きつけられてしまったわけです。

私が、番組への参加の辞退を、半ば決心し、参加をあきらめかけたときのこと。

「では、最後に司会の留(とめ)さんからひと言です」と促され、ウルトラクイズの顔、福留アナウンサーが目の前に。

福留さんは、挑戦者たちを見わたすと、静かな口調で言いました。

「現代人は、なかなか冒険する機会がない。でも、ウルトラクイズには、まだ、その冒険が残っている……」

そして、少し間をとって、こう続けたのです。

「ぜひ、挑戦して欲しい！」

その言葉を聞いた瞬間、私の心から、「辞退しよう」という思いは、あっという間に、どこかへ消し飛びました。

そして、こう思ったのです。

「あっ、行こう……」

理屈じゃなく、そう、決心しました。

もう、なにがあっても、誰からなんと言われようと、「行こう！」と。

ディズニーの言葉を借りるなら、私の心のなかにいた、**「外に出たくてしょうがない小さな子ども」が目覚めてしまったん**ですね。

松尾芭蕉は、亡くなるわずか4日前に、生前最後の句として、こんな句を詠んでいます。

旅に病んで　夢は枯野を　かけ廻る

旅の途中で、病に倒れた芭蕉は、「夢のなかでは、まだ枯野をかけまわっているのに、今の私にはもう、それができない」と、そんな悔しさをこの一句に託したのでしょう。


ずっと憧れ続けてきた「アメリカ横断ウルトラクイズ」の旅に参加するという夢。

その入り口に立つことができた私は、そのときの松尾芭蕉とは違って、思い切って勇気を出しさえすれば、枯野ならぬ、アメリカの広大な大地をかけまわることができた……。

これはもう、行かない手はないでしょう！

もし、**行かなければ**、**一生後悔し続ける**と思いました。

そして、あのとき、福留さんの言葉で、ウルトラクイズへの参加を決めたその瞬間から、今日に至るまで、「ウルトラクイズに行かなければよかった」と思ったことは、ただの1秒もありません。

社会人としての「大人の自分」より、「心のなかの子ども」の声に従ったのは大正解だったのです。

あなたの心のなかの「外に出たくてしょうがない小さな子ども」は、まだ、元気ですか?

それとも、もう、ずっと眠ったままですか?

この本には、「旅についての名言」「有名人の旅のエピソード」「旅に関するよもやま話」「旅を演出するプロたちの話」などを詰め込みました。

そして、私の人生における最大の「旅」だった、この「アメリカ横断ウルトラクイズ」での体験についても、本のなかで初めてたっぷりとお話をさせていただくつもりです。

なにが飛び出すかわからない、ミステリーツアーのような本。

「**旅の本**」**というよりは、**「**旅のような本**」だと思っていただければ幸いです。

そして、この本が、あなたのなかの「眠った子ども」を刺激できたなら幸せです。

では、どうぞ、「気ままな自由旅」をお楽しみください。

西沢泰生

suitcase

目次

第5章 読むとワクワクドキドキする章 アメリカ横断ウルトラクイズの旅 165

第1章　読むと旅が背中を押してくれる章

心が元気になる旅の話

旅への思い。
旅先での人との出会い。
そして、旅の効果など。
あなたの「旅ごころ」を刺激する話を
お楽しみください。

「私は、ニルスになりたかった」

ヤマザキマリ（漫画家・エッセイスト）

1 ニルスになりたかった少女

古代ローマの浴場設計技師が、現代日本にタイムスリップして、日本のお風呂にカルチャーショックを受けるという、とんでもない設定の漫画、『テルマエ・ロマエ』。阿部寛さんが古代ローマ人を演じるという強引な（笑）配役で映画化もされましたね。

ちなみに、この漫画のタイトルはラテン語で「ローマの浴場」のこと。まあ、言ってしまえば、「ローマ風呂」という意味です。

さて、扉ページの言葉は、その『テルマエ・ロマエ』の作者として知られる、女流漫画家のヤマザキマリさんの言葉です。

マリさんのお母さんはヴィオラ奏者（現在はヴァイオリンの先生）で、指揮者だった旦那さんが亡くなったあとは、女手ひとつでマリさんと妹さんを育てました。

このお母さん、「**娘を育むために大事な要素は、大自然と旅、そして書物**」という考えの持ち主。マリさんは、この母の仕事の関係で、幼くして、東京から北海道に移り住み、大自然のなかで男の子のように育ったのだそうです。

母の教育方針により、子どもの頃から、プレゼントといえば本をもらっていたマリさん。**とくに憧れを持って読んだ1冊が、スウェーデンの作家、ラーゲルレーヴの代表作、『ニルスの不思議な旅』でした**。

ご存知ですよね、『ニルスの不思議な旅』。

いたずらっ子のニルスが、妖精トムテにちょっかいを出したことから小人にさせられてしまうお話です。昔、NHKでアニメになっていたので、それでご覧になった方も多いと思います。

有名なのは、ニルスがガチョウのモルテンの背中に乗って空を飛ぶシーン。

ニルスは、自分が暮らしてきた村を、大空から、文字通り鳥瞰（ちょうかん）することで、**いかに自分**

がちっぽけな場所にいたのかを知り、世界の広さを知るのです。

そして、動物たちには動物たちの生き方やルールがあることを学んでいく。

いわゆるカルチャーショック。

世界の広さを知り、いろいろな暮らしぶりに触れるって、旅の効用そのものではありませんか！

私の知人には、自分がいろいろな悩みを抱えていたとき、アメリカのグランドキャニオンの景色を見た瞬間に、「なんて小さなことで悩んでいたんだ！」となって、悩みが吹き飛んだという人がいます。

人は、**普段、自分の住む世界とは違った世界に触れることで、自分の小ささを知って大きくなれる。そして、他人に優しくなれる**……。

さて。

少女時代にニルスに憧れたヤマザキマリさん。北海道にいた頃、空を飛ぶ白鳥を見ては憧れの涙をこぼし、キタキツネを見ては、動物たちと過ごしたニルスに思いを馳せたそうです。

そんな彼女が、初めて、ヨーロッパでひとり旅をしたのは、わずか14歳のとき。以来、今日に至るまで、さまざまな国を旅してきたとのこと。

そして、学生時代に、イタリアのフィレンツェにある美術学校で油絵と美術史を学んだことが、『テルマエ・ロマエ』にも活きているのです。

彼女は、著書『国境のない生き方　私をつくった本と旅』のなかで、こんなことを言っています。

〈自分と向き合う時は、周辺の電子機器の電源を切って本を読みます。

それでも**まだ何かが足りないと思う時は、荷物をまとめて旅に出る**。生活習慣も考え方も違う人々の暮らす土地へ行って、自分の生きる世界が果てしなく大きいことを確認する。

（中略）

私は、人間がつくった境界線など無視して大空を飛べる鳥でもなければ、広い海を自由に泳ぐ魚でもありません。でも、自分も彼らと同様、**既成概念にとらわれることなく、地球上に生きる一介の生き物として、もらった命を謳歌(おうか)したい。**〉

彼女は、イタリア人の研究家との結婚を機に、シリア、ポルトガル、アメリカで暮らし、現在はイタリアに在住。

彼女の生き方を見ると、少女の頃に抱(いだ)いた「ニルスになりたい」という夢を、今、自由に生きることで叶えている……と、そんな気がしてしまいます。

翼はなくても、人は、大空を飛ぶように自由に生きることができる。なろうと思えば、ニルスにだってなれるのです。

「私は『真剣に酔狂なことをする』という
甚だしい矛盾を犯したかったのかもしれない」

沢木耕太郎（作家）

2

ただ、行きたかったから……

「なぜ、旅に出るのか？」

その回答は、ときとして、実に難しい。

たとえば、私はウルトラクイズへの参加を決めたとき（「はじめに」参照）、もし、誰かから、真剣に「新卒社員が、なぜ、1か月も会社を休んでウルトラクイズに参加するのか？」と質問をされていたら、答えに窮したことと思います。「ウルトラクイズでニューヨークへ行くのが夢なんです」という回答では、相手は、たぶん理解できないでしょう。

定かな理由なんてない。「**行きたいから行きたい**」というのが、正解だったような……。

永六輔さんが作詞した名曲、『遠くへ行きたい』では、旅に出る理由について、こう言っています。

「**知らない街を　歩いてみたい　どこか遠くへ行きたい**」

もしかしたら、旅に出たい理由は、これに尽きてしまうのでは？

ちなみに、旅好きで知られるさだまさしさんは、旅に関する曲を1曲も作っていない理由について「『遠くへ行きたい』以上の旅の曲は作りようがないから」と語っています。

さて。扉ページの沢木耕太郎さんの言葉は、名著『深夜特急』のなかに出てきます。『深夜特急』は、言わずと知れた、バックパッカーのバイブル。インドのデリーから、イギリスのロンドンまでを、バスを使ってひとり旅をした沢木さんが、その体験をもとにして書いた紀行小説ですね。

自分はいったいなぜ、そんな旅をしようなどと考えたのか？　そのことについて、自問自答する部分の言葉なのです。

本のなかで、沢木さんがニューデリー駅の案内所で、係員に「ここからバスで○○まで行きたい」と聞く場面があります。

「そこに行くなら鉄道で行け」

「バスで行きたいんだ」

「どうしてだ」

「どうしてもだ」

「なぜバスなんかで行かなければならないんだ。鉄道の方がベターだ。カンファタブルだ。ラピッドだ。セーフティーだ」

「でも、バスで行きたいんだ」

と、こんな会話を交わして、沢木さんは、ふと、「自分はなぜ、こんなことをしているんだろう?」と考えたのです。


そもそも、沢木さんがインドのデリーからロンドンまで、乗り合いバスで行けないか、という旅に出たきっかけは、友人たちと賭けをしたことでした。

でも、それは、旅に出るための方便だったような気がするのです。

沢木さんは、「ほんのちょっぴり本音を吐けば」と前置きして、自分が無謀なバス旅に出た理由について、こう語っているのです。

「人のためにもならず、学問の進歩に役立つわけでもなく、真実をきわめることもなく、記録を作るためのものでもなく、血沸き肉躍る冒険大活劇でもなく、まるで何の意味もなく、誰にでも可能で、しかし、およそ酔狂な奴でなくてはしそうもないことを、やりたかったのだ」

この言葉を読んだとき、はっとしたのを覚えています。そうだ、自分も「ウルトラクイズ」という酔狂な旅に「行きたくて行っただけなのだ」と……。

誰の役にも立たないし、歴史的な偉業でもなんでもないけれど、とにかく行きたかったんだなと、妙に腑に落ちたのでした。

旅に出るのに理由はいらない。そこに、見たこともない場所があるから。

それでいいんですね。

「いわゆる頭のいい人は、言わば足のはやい旅人のようなものである。
人より先に人のまだ行かない所へ行き着くこともできる代わりに、途中の道ばたあるいはちょっとしたわき道にある肝心なものを見落とす恐れがある」

寺田寅彦（物理学者・随筆家）

3

急がない旅

私の知人に、旅行のとき、綿密に計画を立てる人がいました。

何時何分の電車に乗って、何時何分に目的の駅に着いて、何時何分のバスに乗って○○という観光地へ行って何時何分までに見て、何時何分に○○というお店でお昼を食べ、何時何分のバスに乗って……。

と、旅行は分単位でスケジュールを立てる。

そして、実際に出かけると、**ひたすらに、立てたスケジュールを消化していく**のです。

まるで、「スケジュールを、時間どおりにキッチリとこなしていくことが、旅の目的である！」と言わんばかりですね。

たしか、ご家族から「息が詰まる」とクレームが出て、その後は、ゆるやかな計画になったとか……。


1つ前のお話に登場していただいた沢木耕太郎さん。

名著『深夜特急』のなかに、沢木さんが旅の前半において、「旅の本質」に気がつくシーンがあります。

それは、沢木さんが、ニューデリー駅からデリー駅を目指したときのこと。

デリー駅から出るというバスに乗り遅れたくなかった沢木さんは、奮発してタクシーに乗ることにします。タクシーといっても、三輪式のオンボロ車。それでも、バスに乗り遅れるよりは……と、乗り込むことに。

しかし、このタクシーの運転手が、鼻の下にヒゲは生やしているものの、かなり若い男で、実にどうも怪しげなのです。

まず、エンジンがなかなか、かからない。車を押して勢いをつけて、ようやく、バタバタとけたたましい音を立ててなんとかスタート。

ところがすぐに、今度は、修理屋の前に車を停めると、運転手は、そこのオヤジとずっと何か交渉している。やがて、沢木さんに、「料金を3ルピーだけ先払いしてくれれば、車の修理ができる」なんて言ってくる始末。

沢木さんは、やれやれと思いながらも、バスに遅れたくないので、仕方なく先払いしてふたたび出発。

なのに、その後も、「ガソリン代がないから出してほしい」など、一向に先に進まない。

はじめは、怒り心頭だった沢木さん。「ふざけるな！」と1度爆発すると、妙に怒りが静まって、**だんだん、この図々しい運転手に親しみを感じるようになった**のです。

その頃にはもう、当初、乗ろうとしていたバスに乗ることは、すっかりあきらめ、どうでもよくなっていました。


旅の最高の楽しみは、こんな、出会いとハプニングなのではないでしょうか？

たぶん、沢木さんは、ふと、そのことに気がついたのでしょう。自分から、この運転手に話しかけ、家族のことを聞いたりして、会話を楽しみだすのです。

扉ページの寺田寅彦の言葉は、旅について語っている言葉ではないでしょう。

たぶん、「物理学においては、一見、寄り道と思えることにこそ、発見のヒントが隠されているから、結果を急ぐとそれを見逃してしまう」ということを、旅になぞらえて戒めている言葉だと思います。

でも、この「急がないこと」は、旅を堪能するうえでも、大切なことなのです。

ちなみに、私は旅行に行くとき、かつては、前述の知人のように、綿密にスケジュールを決めるほうでした。

せっかく、観光地に行ったのだから、ここも見て、あそこも見て、有名な店で名物料理を食べて、そのあと、あそことあそこも見て……と、かなりキツキツの計画を立てて旅行していたのです。

でも、あるとき、偶然、予定していたスケジュールが、不測の事態で使いものにならなくなってしまったことがありました。

今なら、ネットでいろいろと検索して、その場であらたにスケジュールを作れますが、そのときは、そんな手も使えません。

それで、仕方なく、旅行の後半は、気の向くままのダラダラ旅に。

すると……。

なんだか、すごく気分がよかった！

時間に追われている感じが消えて、ゆったりした気持ちになれたのです。


あっ、こんな旅、いいかも。


そのときにそう思って以来、その後に行った旅行計画は、とても「計画」と呼べない、ユルユルなものになりました。

決めるのは、せいぜい、行きの電車と宿泊先くらい。どこで何時間過ごすとか、帰りの電車は何時にするかなどは、旅行先で、流れに任せて適当に決める。

タクシー運転手に振り回されるうちに、悟りの境地に達した沢木さんのように、「テキトウなほうが面白い」って、気がついてしまったのです。

スケジュールをこなすだけの旅なんて、面白くもなんともありません。

スケジュールをこなすだけなんて、そんな旅は、会社の出張とか、エベレスト登頂だけで十分です。

旅に出て、せっかく、「普段の束縛だらけの生活」から解放されたのに、自分で「旅のスケジュール」をつくって、それに束縛されるなんて、もったいないと思いませんか！

「何かをやって時間を損するということは絶対にない。
貧乏旅をすれば、大学を二つ出たようなものだ」

永倉万治（ながくらまんじ）（放送作家・作家・エッセイスト）

4 メキシコの2人

旅の楽しみの1つは、意外なところで意外な人に出会うことでしょう。

観光ツアーで何日かをともに過ごしただけの人と、その後、何十年も文通をしていた友人を知っています。今なら、電子メールやＬＩＮＥで簡単に関係を継続できますよね。

知人の起業家の方は、ビジネス交流会を兼ねた豪華客船クルーズに参加して、その船旅で知り合った人たちと新規事業を立ち上げ、今では新会社として軌道に乗せています。

これなど、「旅」という機会がなければ知り合うことがなかった相手との出会いによって、運命が変わった例ですね。

私は、ウルトラクイズの旅の最中に、1度だけ、「えっ、こんなところで日本人?!」という出会いをしました。

それは、クイズのチェックポイントが南下し、メキシコとの国境のすぐ近くのホテルに泊まったときのことです。

「せっかく、ここまで来たんだから、メキシコまで行ってみよう」ということになり、自由時間を利用して、挑戦者たちだけで、国境越えをすることにしたのです。

メキシコに行くためには、夜中に国境の川をひそかに渡り、もし見つかれば銃殺……などということはいっさいなく、真昼間に橋を渡って、メキシコとの国境で、簡単な入国手続きをするだけでオーケーでした。

メキシコに入った途端に感じたのは、アメリカとの圧倒的な貧富の差でした（もちろん、これは、もう30年以上も前の話ですよ）。

「ビルと車だらけの街並み」が、川を渡るだけで、「平屋（ひらや）と舗装されていない道」という景色に変わる。個人的には、子どもの頃にテレビで見たアニメ、『母をたずねて三千里』

に出てきた、コルドバ（アルゼンチン）の町を思い出していました。主人公のマルコがインディオの少年、パブロと出会った町です（たとえが古い！）。

島国に生まれ育った私にとっては、この、「国境を越えるだけで街並みがガラリと変わる」という経験は、とても新鮮だったのを覚えています。

もともと、夕食の前に、メキシコの地を1歩でも踏むのが目的で出かけた、散歩のような国境越えだったので、街をひと目見たら、すぐに帰るつもりでした。

歩いている人もほとんどいないし、そろそろ帰ろうかと思ったそのとき。リュックを背負った日本人らしき青年2人と出会ったのです。

私たちが、「もしかして、日本人？」と声をかけると、「そうです」と。

我々が、ウルトラクイズの参加者で、今、まさにその旅の途中だと知ると、

「えーーっ！　マジですか！」と、無茶苦茶に驚き、喜んでくれました。

聞けば、彼らは日本からきたバックパッカー。大学生で、長い休みをとって、南米を貧乏旅行している最中なのだとか。彼らにしてみたら、「こんな、メキシコの国境近くの田舎町で、まさか日本人に遭うとは……。そして、それが、あのウルトラクイズの挑戦者た

ちだとは」という感じだったわけです。

「**こんなところで、ウルトラクイズの皆さんと会えるなんて、光栄です！ 握手してください！**」と彼ら。

でも、それまで、バックパッカーどころか、国内ひとり旅の経験すらなかった私には、彼ら2人のほうが、自分なんかよりも、よほど輝いて見えました。

ちなみに、私のなかで、「バックパッカー」と聞いて、頭に浮かぶのは、前述の沢木耕太郎氏と、かつての番組、『進め！ 電波少年』の猿岩石（さるがんせき）の2人（有吉弘行・森脇和成）です。

猿岩石って、今や伝説となったバラエティ番組の企画で、香港からロンドンまでをヒッチハイクで旅した2人組です。

旅の開始が1996年4月で、ロンドンでゴールしたのが同年の10月ですから、半年間もバックパッカーの旅をやったわけですね。

ゴールがロンドンというところが、なんとなく、『深夜特急』のオマージュになっているという気がします。

沢木さんも猿岩石も、その旅は、その後の人生を変えるスゴイ体験だったことと思います。

日本での「ぬるま湯生活」しか知らない私などとは、ピンチのときに発揮できるパワーの強さが違う気がするのです。

そもそも、私には、言葉の通じない国で、リュックを背負い、ヒッチハイクで移動し、寝ぶくろで野宿をするような旅をする自信はありません。

そんなわけで、私は、バックパッカーに対して、尊敬に近い思いを抱いています。

扉の名言のように、若い頃にそんな旅を経験している人は、「大学を2つ出ているようなもの」だと思ってしまうのです。

あの日、メキシコで、一期一会の出会いをしたバックパッカーのお2人。

いったい、その後、どんな人生を送られているのでしょう?

とても興味があります。

旅は、ときとして、こんな偶然の出会いを演出してくれます。
普段の日常から飛び出して、旅に出たことで、同じように日常から飛び出した相手と、
一瞬だけ、旅先で「人生がクロス」する。
そのクロスによって、その後の人生が変わることもある。
だから、旅はオモシロイのですね。

back packer

「日常生活から離れて心を休めたとき、頭は動き出し、いいアイデアも生まれる」

兼高かおる（ジャーナリスト・ツーリストライター）

5 旅の効果

かつて、『兼高かおる　世界の旅』という番組があったのをご存知でしょうか？　放送は、1959年から1990年。TBS系列局で、30年と10か月も放送された長寿番組です。

まだ、海外旅行が「庶民の夢」といわれていた時代から、「その国、いったいどこにあるの？」なんていう国も含めて、世界中の景色や習慣、料理などをお茶の間（この言葉も古いですが……）に届けていました。

なにしろ、かつてのクイズ番組、『アップダウンクイズ』では、オープニングで司会者が、「さあ、10問正解して、夢の島、ハワイへ行きましょう」と言っていたくらい、海外旅行は庶民の「夢」だったんですね。

扉ページの言葉は、そんな、世界を駆けたスーパーウーマン、兼高さんの言葉です。

そのココロは、「**働いてばかりいないで、たまには日常から離れて、身も心も休めなさい**」と。

もちろん、旅の効果は、心が休まるだけではありません。

いつもと違う行動や景色が、脳の動きを活発にさせます。少し前に人から聞いた話ですが、人間というのは、毎日のほとんどの行動は、前日までの記憶によって、とくに考えることもなく無意識で行なっているのだそうです。

たしかに、通いなれた道で駅に向かい、いつもと同じ電車に乗って、いつもと同じオフィスのいつもと同じ席につき、いつもと同じ仕事をしていたら、脳なんてぜんぜん使っていません。

ところが、たとえば、初めて行く場所へ旅に出ると、初めての駅におりて、初めての町を歩き、初めてのホテルに泊まり、初めての料理を食べる。

旅は、脳にとって初めてづくし。**脳がフル回転**です。

兼高さんがおっしゃるように、「頭は動き出し、いいアイデアも生まれる」という状態になるわけです。**ポイントは、「日常生活から離れて」という部分**でしょう。


ちなみに、兼高さんが番組で行っていた旅は、予定外と想定外の連続で、頭をフル回転させ続ける旅だったようです。

予定していたロケ地が撮影できなくなるなんていうことはザラ。交通機関の関係で、予定していた場所に辿りつけなくなることも……。

今のように、たくさんのスタッフが海外について行くという時代ではありませんでしたから、現地にいるのは、兼高さんとカメラマンのみ。

ですから、不測の事態のときは、兼高さん自身が現地で、「代わりに何を収録するか？」を考えなくてはならなかったのです。

兼高さんが自ら、現地で台本を書いて、必要な「絵」を録画して戻らなければ、番組が放送できなくなってしまうのですから、想像するだけでたいへんですよね。都度、臨機応変に頭を切り替えてアイデアを出す必要があったのです。

また、頼れるのは自分だけですから、あたりまえのことですが、体調管理も必須でした。「現地の人たちと仲良くなるのには、勧められた食べ物を美味しそうに食べること」と話していた兼高さんですが、「衛生的に問題がありそうなもの」は話が別。お腹を壊して寝込んだりしたら、番組に支障をきたしてしまいます。では、そういう「これは食べたら危ないでしょ……」というものを、現地の人から勧められたらどうしていたか？

ヘタに断ると、相手が機嫌を損ねてしまうかもしれません。そんなとき、兼高さんは、いつも、次のようにして「お断り」していたそうです。

・まず、にっこりと笑う。
・次に手を合わせる。合掌ですね。これで、感謝とお詫びの意を伝える。

・最後は、自分はお腹がいっぱいなんです、というゼスチャーをする。

こうすると、だいたいの相手は、意味をわかってくれて、笑顔で「そうか、お腹がいっぱいなら仕方ない」という感じになったのだとか。

それでも、断りきれないときは、もしもの時の被害を最小限におさえるために、カメラマンには食べさせず、自分だけが食べたそうです。

これぞ、臨機応変な対応。

こうして、取材先での食べ物に気をつけていた兼高さん。30年間の海外取材で、お腹を壊したのは、2回だけだったそうです。

最近、どうも、毎日がマンネリで、いいアイデアも浮かばないというあなた。

ぜひ、初めての場所へ旅立ってみてください。

仕事から離れて解放された脳が、旅先での予定外の出来事に刺激されて、まったく新しいアイデアを生み出してくれるかもしれません。

第2章　読むとなんだかほっこりする章

心があたたまる旅の話

第2章は、
「読むとなんだかほっこりする旅の話」です。
旅という非日常での、
心あたたまる体験やハプニングなど。
楽しみながら、
ほっこりしていただければと思います。

「旅はどんなに私に生々としたもの、新しいもの、
自由なもの、まことなものを与えたであろうか。
旅に出さえすると、私はいつも本当の私となった」

田山花袋（小説家）

6 ウマが合う場所

テレビドラマ『渡る世間は鬼ばかり』に出てくるラーメン屋、「幸楽」のご主人役などで知られるベテラン俳優、角野(かどの)卓造さん。

女性お笑いコンビ、ハリセンボンの近藤春菜さんの「角野卓造じゃねぇよ!」のギャグでもお馴染み(?)ですよね。

ちなみに、ご本人に許可を得ることなく自分のギャグに使っていた春菜さん。初めて角野さんと番組で共演することになったとき、楽屋で「よし、謝ろう!」と緊張していたら、顔を見るなり角野さんのほうからニコニコと握手を求めてきてくれたとか。

そして、「どんどんギャグに使ってね」と言ってくれたのだそうです。

角野さんの飾らない人柄が感じられます。


さて。そんな角野さん。実は大の旅好き。

ひとり旅が好きで、仕事の合間に、しょっちゅう、ふらりと旅に出るそうです。

最近の行き先のお気に入りは岡山。

旅行で10日間京都に行くことがあれば、そのうち2日間くらいは、少し足を伸ばして岡山に行くというのですから、かなりのお気に入り。

実は、角野さんが、「岡山好き」になったのには、あるきっかけがあったそうで……。


それは、かつて、角野さんが舞台の公演で関西圏をまわったときのこと。

シビアなお客が多い、京都でも、大阪でもウケた舞台が、どうも、岡山のお客さんからは手ごたえを感じられませんでした。

この舞台、岡山のお客には、なぜ、ウケないのか……。そう悩んでいた角野さん。タクシーでの移動中、運転手さんにその話をしてみたのだとか。

するとその運転手さん、およそ、次のような話をしてくれたのだそうです。

「**岡山は、海の幸も山の幸も豊富で、台風の被害もほとんどない恵まれた土地。そのために、昔から『助け合う』という文化がなかった。だから、マイペースの人が多いんです**」

たしかに、舞台というものは、他のお客につられて笑うことで会場全体が笑いに包まれるもの。他人が笑ってもつられない人が多ければ、それが、手ごたえが薄い理由にはなる……とは思ったものの、半信半疑の角野さん。

しかし、最終公演後の地元ファンとの交流会で、その運転手さんの言葉が正しいことがわかりました。

なぜなら、「人が集まらないのではないか?」と劇団員たちが不安がるなか、なんと、他の公演場所よりも多くの方たちが集まってくれて、しかも、皆が、舞台が面白かったと絶賛してくれたのですから!

岡山の人たちのマイペースな考え方……というか、県民性を知った角野さん。

「**これは、ひとり旅が大好きな自分と同じだ!**」と、すっかり、岡山びいきになったのでした。

旅をしていると、その土地の人たちの気質に触れることがあります。

たとえば、私は新潟が好きで、何度も旅行で訪ねていますが、やはり、いろいろな場面で接する人たちに、「真面目で親切な人が多い」という「新潟人気質」を感じます。

その土地の気質が、自分と合ったものであれば、その土地は、「自分とウマが合う、愛すべき場所」です。旅行先としては最高です。つい、角野さんのようにリピーターになってしまいますよね。

知人に、生まれてはじめて鎌倉を訪れたとき、街も人も自然も、すべてを気に入ってしまい、「鎌倉に住む！」と決めた人がいます。

実際にその知人、現在は、鎌倉に住んでいるのですから、もはや、運命の出会い。

そんな、1度の旅で、人生のバックグラウンドが変わってしまうこともあるのです。

そう考えると、もしかしたら、「ウマが合う土地」というのは、生まれる前の前世で、暮らしていた場所なのかもしれませんね。

7

「電話で予約」のワナ

今では、旅行での宿泊先の予約は、すっかりネットからが定番になりました。

しかし以前は、そこまで整備されておらず、ネットで事前に宿泊情報は調べても、予約は、旅館やホテルへ直接電話を入れたものでした。

私は1度、この「電話での予約」で、危機一髪になったことがあります。

伊豆の古い旅館なのですが、ネットでその旅館の料理や宿泊費などについて調べて、電話で予約を入れたのです。

電話に出た中年男性（らしき声）によると、宿泊費は1人1万6500円とのことでした。

夫婦だから、2人で3万3000円ですね。

安くはありませんが、まあ、いいかと、予約を入れました。

当日。泊まってみて驚きました。部屋は広いし、部屋での夕食には、刺身の船盛りやら、伊勢えびやら、アワビやらがついて、やたらと豪華。しかも、その部屋、庭つきで、その庭には部屋専用の露天風呂まであったのです。

私は、「これで1人1万6500円は安い」なんて、思っていました。

で、翌日のチェックアウト。

旅館の方は、私ににこやかにこう言ったのです。

「**ご宿泊、ありがとうございました。お2人さまで、5万3000円です**」

耳を疑うというのは、こういう瞬間をいうのですね。

んっ？　今のは、空耳かしら？

しかし、うやうやしく出された領収書には、きっちりと、5万3000円の文字が。

私は、予約電話をしたときのことを思い出しました。

そういえば、電話で話した、先方の声。少しくぐもっていて聞きにくかった……。

たぶん、先方は「お1人さま、2万6500円」と言ったのに、私が「お1人さま、1万6500円」だと聞き間違えたのでしょう。

というのも、普段は1泊1万6500円だということをネットで調べて予備知識で持っていたので、連休料金で1万円高くなっていたのに聞き流してしまったのです。そういえば、「1泊ウン万6500円のお部屋しかございませんが、よろしいですか？」なんて聞かれて、へんなこと言うなぁと、一瞬、引っかかったような気もします。

いや〜、思い込みとは怖いもの、はっはっはっ。

……なんて笑っている場合ではありません。

まさか、「予約のときに聞き間違えた」なんて、そんなこっぱずかしいことはチキンハートな私にはとうてい言えず、慌てて財布のなかを確認して、ギリギリで無事に清算を終えることができました。

旅行のときは、お金を財布とバッグのなかに分けているので、財布のなかのお金が足りなければ、あわてて、バッグの中身をひっくり返さなければならないところでした。

それにしても、予定していた額よりも2万円もオーバーしたのに、帰りの電車賃が足りてよかった……。この体験以来、旅行のときは、これでもかというくらい、余計にお金を持つようになりました。


電話予約では、逆のパターンもありました。

新潟の某温泉地にある古い旅館に予約したときのこと。

どうも、宿泊人数を間違えたのか、ほかのお客と予約がごっちゃになってしまったのか、宿泊予定の数日前に、自宅の留守電に「7名でご予約の西沢さまですよね、駅からの送迎バスはご利用ですか？」と電話があったのです。

7名って、あなた……。

折り返し電話では、わざと「あさって2名で予約をしている西沢ですが、予約は入っていますよね？」と切り出すと、先方もとぼけて、「はい、うかがっています」と。

その電話では、あえて、留守電に残されていた「7名で予約の……」という間違いには触れることなく、送迎バスのお願いだけをして切りました。

「やっぱり、何か間違っていたんだな」と確信したのは、その旅館の部屋に通されたときです。

とにかく、10人は泊まれそうな広い部屋で、下駄箱に用意されたスリッパの数を数えてみたら、ちょうど7足（笑）。

やっぱり、7名で宿泊するお客と、帳簿の日付を間違えるかなにかして、私にかかってきた電話は、その確認だったのですね。

ネットでの予約が主流になった今では、なかなか発生しない、「予約の聞き間違い」や「宿泊予定帳の記入ミス」。

古き良き時代の旅行の醍醐味なのでした。

8 ご用心、ご用心

私が生まれて初めて行った海外旅行は、クイズ番組の『アタック25』に優勝して獲得したフランス旅行でした。

それまで、海を渡る旅といえば、修学旅行で行った北海道だけだった私にとって、いきなりのパリは、宇宙旅行くらいのインパクトがあったものです。

スケジュール表を見ると、まず、ニースで1泊し、翌日、パリへ移動。ノートルダム寺院やモンマルトルの丘などをめぐる1日パリ観光が組まれ、翌日からは、終日フリータイムという日程。おおっ、フリータイムがあるのか！

ちなみに、この『アタック25』のパリ旅行は、番組でパリ旅行を獲得した優勝者の人数が溜まると行なわれていて、2回に1回は、当時の司会者だった児玉清さんが同行されていたそうですが、私が行ったツアーでは、残念ながら児玉さんはおられませんでした。

さて。とにかく生まれて初めての海外旅行。しかもパリ！

行く前に、ガイドブックで読んだり、人から聞かされたりしていた注意点は、「**日本と違って、ドロボウだらけなので、財布を盗まれないように気をつけろ！**」でした。

まあ、最初のニースは、日本でいえば熱海のような（?）、のんびりした場所だったように思います。

しかし、パリは世界的な観光地。そして、どうやらスリの多発地帯らしい。事実、初日のバスツアーで、ノートルダム寺院（火災のニュースはショックでした……）に着いたとき、沈着冷静な男性バスガイドが私たちに言ったのは、次のような言葉でした。

「寺院の前の広場にいる子どもたちの多くはスリです。あと、新聞紙を手にした老人も多くはスリです。盗んでいるところを周りから見られないように、新聞で隠しながらスリますから気をつけてください」

海外慣れしていない初心な私をビビらせるには、十分な言葉ですよね。

昔、テレビで、外国人のマジシャンが、「スリの名人」として出演しているのを見たことがあります。その名人、相手と握手をしただけで、簡単に腕時計をスっていました。なまじ、そんなものを見た経験があるので、「プロに狙われたら終わりだ」と思った私、もう、ビビること、ビビること。

パリでの自由時間では、カバンのなかの財布には最低限のお金しか入れず、お札は下着のなかに腹巻をして、そのなかに入れていましたっけ。


そう言えば、ウルトラクイズでは、ハワイのチェックポイントで勝ち抜いてアメリカ本土に行くことが決まった挑戦者たちに対して、スタッフから、およそ次のような注意をされたのを覚えています。

「いいですか、皆さん。ハワイと違って、アメリカ本土には危険がたくさんあります。街角で歩いているときに、拳銃を向けられてホールドアップされても不思議はありません。そんなときのために、財布のなかに50ドルくらい入れておいて、いざというときは、財布ごと相手にあげてください。そうすれば、たぶん命は助かります。**50ドルが命の値段です！** 皆さんに、もし何かあったら、ウルトラクイズという番組がなくなりますので、十分に注意して行動してください！」

たしかに、番組の挑戦者が撃たれでもしたら、即、番組は終了だったことでしょう。

それにしても、「命の値段が50ドルとは」と思ったのを覚えています。日本で、不良学生がカツアゲするように、ホールドアップで、「小遣いを稼ぐ」感覚なのかしら……。

結果からいえば、私は、パリでもアメリカでも、危ない目には遭いませんでした。無事だった理由が、ツアーコンダクターや番組スタッフの言葉が少しオーバーな脅しだったからか、あるいは、パリを散策するときやウルトラクイズの旅の自由時間も、人通りが少ない裏道は避けたからだったかは、定かではありません。

1つ裏話をすると、ウルトラクイズでニューヨークのホテルに着いたとき。ホテルのロビーでスタッフの1人が荷物を置き引きされました。一流ホテルのロビーなので、少し油断したのか、ふと気がつくと、荷物（たしか、テレビカメラ）が1つ無くなっていたのです。当時はネットなんてありませんから、たぶん、テレビカメラでもなんでもお金に換える闇のルートがあったのでしょうね。

幸い、本番を収録したテープは入っていなかったようですが、スタッフたちのあわてる姿を見て、私は、心ひそかに「**やっぱり、この街は油断できない。明日の自由時間には、殺されないように注意しよう**」と気を引き締めたのでした。

もちろん、パリの話も、ニューヨークの話も、今からかれこれ30年以上も前の話です。果たして、海外は、今も「ドロボウ天国」なのでしょうか？

少し前に読んだ、ビジネス書の著者によると、「今でも」どころか、海外のドロボウ天国ぶりは、「さらにひどくなっている」そうです。

その人によれば、「イタリアもフランスもスリだらけ」とのこと。

しかも、それなりのレストラン内でも置き引きがあるのが普通で、店の奥の席でも、トイレに行くフリをした盗人が、サッと荷物を奪って店を出てしまうのだとか。

しかも、レストランの店員もグルのことがあり、その犯行を見て見ぬふりをするといいますから、とんでもない話です。

調べてみると、バルセロナ、ロンドン、パリ、ローマ、マドリッドなど、やはり、ヨーロッパにはスリが多く、チャックつきのポケットのなかに入れていた財布が、いつの間にかなくなるなどは日常茶飯事とのこと。

いかに、日本の治安がよいかわかりますよね。だって、日本なら、カフェで執筆をしていて、トイレに行っても、席に置いたままのカバンやパソコンがそのまま無事ですもの……。そんな国、世界でもまれだと思います。

きっと、この本を読んでいる「旅行好き」なあなたなら、海外旅行のときに油断することもないと思います。でも、「道でモノを落としたご婦人がそれを拾う手伝いをしているスキに、共犯者にバックを盗まれる」とか、「電車のなかで、集団で押してきて、ドサクサに紛れて財布を盗まれる」とか、手口がどんどん巧妙で強引になっています。

海外旅行のときは、くれぐれも、ご用心、ご用心。

「人が旅をするのは、到着するためではありません。
それは旅が楽しいからなのです」

ゲーテ（ドイツの詩人、小説家、劇作家）

9 外国で迷子！

前の項で、『アタック25』のパリ旅行へ行ったお話をしました。

初日のバスツアーはもちろん楽しかったのですが、やはり、醍醐味は翌日からの自由時間。たしか丸2日くらい自由時間があって、1人でエッフェル塔、凱旋門、ルーブル美術館などを、地下鉄を駆使してまわったことでした。

自慢ではありませんが、当時の私、知っているフランス語は、「ウイ」と「メルシー」と「アラン・ドロン」くらい。

それだけを駆使して、1人でファストフードや中華料理の店に入ったりしましたから、自分としては、もう観光というより冒険のようなものでした（なんで、フランスで中華料理なの？　と、今なら思いますが、フランス料理の店は食事だけで3時間くらいかかるというイメージがあり、チャイナタウンで目についた中華のお店に入ったのです……）。

ここでカミングアウトすると、当時は、**クイズをやっていたので、せっかくパリ観光をしているのに、名所の見方が独特**でした。

ルーブル美術館に入ったのも、『モナ・リザ』や『ミロのヴィーナス』など、クイズに出そうな有名な美術品を生で見るためだったのですから動機が不純ですよね。

絵や彫刻を鑑賞するというより、「『モナ・リザ』の絵の隣りや、向かい側にはどんな絵が展示されているか？」とか、『ミロのヴィーナス』の背中はどうなっているか？」など、クイズに……なかでも○×クイズで出題されそうな、へんなところをチェックしていました。

いや〜、タイムマシンで、その日の私に会いに行けたら、「ちゃんと芸術を鑑賞しなさいよ！」と言いたい……。

「ウルトラクイズ」の自由の女神問題への対策として、パリ市内のリュクサンブール公園にある、「自由の女神の原型像」と、セーヌ川のグルネル橋のたもとの中州にある「自由の女神像」（「自由の女神像」を贈ってくれたフランスへの感謝を込めて、パリに住むアメリカ人たちがフランス革命１００周年を記念して贈ったもの）をわざわざ見に行ったりもしたのです。

そんな、パリ1人歩きでしたが、街角を歩いているとき、ふと気がつきました。

「**んっ？　もしかして、今、自分は道に迷っている？**」

外国で迷子になるって、不安ですよね。

パリという街は、自分が今、セーヌ川のどっち側にいるかで、だいたいの場所がわかります。極端にいえば、迷ったら、セーヌ川を目指せばいい。あるいは、地下鉄の駅さえ見つかれば、路線図と照らし合わせることができます。

ところが、そのときの私は、街並みの景色に誘われて歩くうち、セーヌ川がどっちのほうにあるかわからなくなり、歩いても歩いても地下鉄の入口を見つけることができなくなっていたのです。

時刻はたしか、午後5時くらい。そろそろホテルに戻ろうかと思いはじめていた時間でした。

「こ、これはもう、最終兵器、タクシーしかない！」

不思議なもので、そう思って周りを見回すと、さっきまでは頻繁に見かけていたタクシーが1台も見あたりません。

歩き続け、やっとのことで、車を停めて仲間らしき人たちと雑談しているタクシー運転手を発見し、つたない英語で話しかけると……。

彼はなぜか、私を乗せてくれる気配がなく、フランス語で盛んになにか言っている。

どうも、「自分は今、休憩時間だから、おまえさんを乗せるのは無理」と言っているような……。

なんと、まさかの乗車拒否！

お客より、休憩時間を優先させるところが、パリっぽい。

足が棒になるくらい歩いた頃。

はるか遠くにオペラ座のような建物が見えたのです。

私が宿泊しているホテルは、オペラ座のすぐ裏。もし、あれがオペラ座なら、ホテルにたどり着くことができる！

しかし、すぐ近くまできたものの、それがオペラ座なのかどうかがイマイチわからない。有名な建物も、違う角度から見ると、なんの建物かわからないという、「名所あるある」状態です。

仕方なく、近くを歩くフランス人らしき男性に、建物を指さして、「イズ　ディス　オペラ？」と中学生英語で訪ねました。このときの私を日本に来た外国人にたとえるなら、東京タワーを指さして「コレハ、トーキョータワーデスカ？」と日本語で訪ねるようなものですね。ハズカシー！

私がそう聞いたフランス人紳士は、たったひと言、こう答えてくださいました。


「**ウイ！**」

私にもわかるフランス語で答えてくれて、ありがとう！　いや、メルシー　ムッシュ！

そんなわけで、私はなんとか、冒険の旅から無事に帰還したのでした。

扉ページの言葉。

「人が旅をするのは、到着するためではありません。それは旅が楽しいからなのです」

旅の楽しみは、目的地に着くことにあらず。知らない街を歩き、知らない景色を見て、ときには、道に迷ったりして……。

迷子になることも旅の過程。

旅の醍醐味の1つなのではないかと思っています。

traveler gOOds

10 映画好きたちへのフランス土産

どこかで、こんな言葉を聞いたことがあります。

「**お土産を選ぶことは、旅行の楽しみを倍にしてくれる**」。これは、そんな話。

私が『アタック25』に優勝して、パリ旅行へ行くことになったのは大学3年のときのこと。当時、大学の同じゼミの友人たちは、パリに行くという私に対して、「お土産のリクエスト」を出してきました。

4人の友人が私に課したお土産リクエストは次の4つです。

● **リクエストその1**　「**ベルサイユ宮殿の庭園の小石**」

●リクエストその2　「ブローニュの森の枯れ葉」
●リクエストその3　「フランスの映画雑誌」
●リクエストその4　「映画のポスター」

うーむ。まるで、かぐや姫が、自分に求婚してきた5人の貴族たちに出した宝物のリクエストのような……。あるいは、「外国のトイレのトイレットペーパー」など、大して価値のないものに価値を見いだす、やくみつるさん的な発想のお土産リクエストですね。

さて、リクエストを受けた私。けなげにも、パリ旅行の間に、これらのお土産をなんとかゲットすることにしました。

●「ベルサイユ宮殿の庭園の小石」

これは、『アタック25』のパリ観光のコースにベルサイユ宮殿が入っていたので簡単に入手できました。庭園を歩いているときに、ガイドの目を盗んで、足元の小石を「かねてより用意のビニール袋」に詰め込めばオーケー。お土産1、ゲット！

●「ブローニュの森の枯れ葉」

私は、このリクエストに応えるために、わざわざタクシーを飛ばしてブローニュの森まで行きました。まるで、「屋台のラーメンが食べたくなって、自家用ジェット機で香港に向かう、ヨーロッパのお金持ち」のような気分。まあ、ブローニュの森の空気を感じられるからいいか……。このリクエストも、ブローニュの森で、マロニエだか何だかの枯れ葉をビニール袋に入れ、またタクシーを飛ばして市内へとんぼ返りすることでクリアしました。お土産2、ゲット！

●「フランスの映画雑誌」

これは、パリ市内を歩いているときに、偶然、映画の本を売っているお店を見つけることでゲットできました。こぢんまりしたお店で、日本で言えば個人経営の古本屋さんという感じ。映画に関する雑誌のバックナンバーがたくさんあったので、実際に古本屋だったのかもしれません。

この店で、さっさと買って出ればよいのに、心やさしき私（自分で言うな）は、少しでもメジャーな映画の写真が多く載っている雑誌を選ぶのに1時間くらいかけてしまいました。

せっかくパリにいるのに、なにをやっているんだか……。とにもかくにも、お土産3、ゲット！

●「映画のポスター」

もっとも苦労したのが、このリクエストでした。

当時のゼミの友人たちは、そろって映画好き。お土産としてリクエストしてきた映画ポスターは、「フランス映画以外の有名な映画が、フランスで上映されたときのポスターが欲しい」というやっかいなもの。たとえば、『ローマの休日』のフランス語版のポスターなんかがあれば最高！　というわけですね。

今なら、そういうポスターが売っているお店をネットで検索したり、裏ワザでインストラクターの方に調達をお願いするという手を使ったりできるでしょう。しかし、当時はネットもないし、「人に頼む」という大人の裏ワザも考えつきませんでした。

簡単に買えると思っていたのに、なかなか映画ポスターを売っている場所が見つからない。思いあまった私は、街を散策中に偶然見かけた映画館に入ってポスターを売ってもらうことにしました。

なんだかよくわからない戦争映画を上映している映画館で、チケット販売窓口のフランス美人に声をかけました。たどたどしい英語で、「自分は映画を観たいのではなく、映画のポスターを売って欲しいのだ」と伝えると……。

「大人は○○フランよ。えっ、何？　映画を観に来たんじゃないの？　ポスターを売って欲しいですって？　あらまあ、そんなお客初めてよ。それじゃ、ちょっと待っていてね」

……と言ったかどうかは定かではありませんが、フランス語でなにかを言うと、見知らぬ東洋人の若造である私を、チケット販売の部屋のなかに入れてくれたのです。

たぶん、映画が上映中で、ヒマにしていたのでしょうね。

そして、彼女は私に「ちょっと、待ってて」と言うと、その部屋を出ていったのです。

10分くらい待ったでしょうか。

やがて、戻ってきた彼女の手にはクルリとまかれたポスターが！　おおっ、通じていたのか！

彼女が、持ってきたポスターをテーブルに広げて見せてくれると、それは、映画『カサブランカ』の名シーン。大女優イングリッド・バーグマンの顔のドアップのポスターでした。

スゴイ！　正直、私が自分で欲しいくらいの代物。

ただし、1つだけ問題が……。

そのポスター。

デカすぎました！

たぶん、縦の長さは3メートルくらいあったと思います。

く～！　さすがにこれは持って帰れない……。

「残念ながら、大きすぎます。もう少し小さいサイズのポスターはありませんか？」と伝えると、小さく肩をすくめる彼女。

「大きすぎるですって。ごめんなさいね、これより小さいのは置いてないわ」

と言ったかどうかわかりませんが、フランス語でなにかを言っておりました。

私は、彼女の心づかいに感激しました。

「わざわざポスターを出してきてくれてありがとう。あなたのやさしさは、たぶん、一生忘れない。30年後くらいに、自分の本にあなたのことを書くかもしれないよ」

とは言いませんでしたが、何度も「メルシー」と「ソーリー」を言いながら、私は、その映画館をあとにしたのでした。


その後、結局、デパートの一角で、偶然、映画のポスターを売っているのを見つけて、映画『ブルースブラザーズ』のフランス語版ポスターを買うことができました。

映画好きからのお土産リクエストは、すべてクリアすることができたわけですね。

お土産を探して、パリでの貴重な時間をずいぶん使ってしまいましたが、今では、本当によい思い出になっています。（こうして、今、本に書くこともできましたし……）

「お土産を選ぶことは、旅行の楽しみを倍にしてくれる」

なるほど、たしかにそうかもしれません。

11

旅先のレストランでピンチになったとき

あなたは、レストランでお会計をしようとしたとき、お金が足りないという経験をしたことはありませんか？

今はカードがあるので、財布のなかの現金が足りなくても、なんとかなると思います。でも、その昔は、レストランで食事をしたら財布を忘れていて、持ち物や家族をお店に置いて「人質」がわりにし、家までお金を取りに戻った……なんていう話もよく聞きました。

さて。これは、旅行先の外国のレストランで、支払いをしようとしたら、お金がぜんぜん足りないというピンチに陥り、それをある粋な方法で突破した女性の話。

私の知人で、現在は会社を経営されているある女性、仮にHさんとしましょう。

そのHさんが、かつて、フランスに留学していたときのこと。長期の夏休みに、東京から学生の親友たちが12人も訪ねてきてくれたことがありました。

ルーブル美術館で落ち合った彼女たちは、そのまま、大きなスーツケースを抱え、2か月間におよぶ「女13人の欧州気まま旅行」へと旅立ったのです。


その事件は、スペインのグラナダに立ち寄ったときのことでした。

猛暑のなか、お腹がペコペコだった彼女たち。「スペインは物価が安い」という油断から、つい、料金表が出ていないレストランに入ってしまいます。

スペインオムレツ、ガスパチョ、パエリアなどを思いっきり堪能し、いざ、支払いの段になって驚きました。

なんと、請求額が、予想の10倍くらいの金額だったのです！

全員の手持ちのお金を合わせても足りず、トラベラーズチェック（当時はまだクレジットカードがなかった）で払おうとしますが、店主は怖い顔をして、「キャーッシュ！」の一点張り。

旅先で、大ピンチ到来！　さあ、どうする！　どうする！

ここでHさん。起死回生のアイデアがひらめきます。

そのアイデアをお上品な学友たちに話すと、一瞬、ギョッと固まり、後ずさりしたとか。

しかし、結局は、彼女のアイデアしか解決策はないということになり、全員が覚悟を決めたのです。

スーツケースを「人質」としてレストランを出た彼女たち13人は、グラナダの広場へと向かいました。そして、広場に着くと……。

合唱を始めたのです。

別に彼女たちは音大の学生だったわけではありません。

でも、ちゃんと即席で二部合唱にして、本格的に歌いました。

歌った曲は、『花』『夏の思い出』『翼をください』『エーデルワイス』『蛍の光』など。日本らしい曲あり、スコットランド民謡（『蛍の光』の原曲はスコットランド民謡）あり、英語の曲ありというバラエティ豊かな選曲。

さあ、驚いたのは広場にいた人たちです。

日本人の若い娘たちによる、突然の「路上ゲリラライブ」に、あっという間に人が集まりました。

そして、前に置いた帽子には、コインだけでなく紙幣までが、あれよ、あれよという間にワンサカと山積みになったのです。

しかも、驚いたことに、さっきまで「キャーッシュ！」と言っていた**レストランの店主までもが、帽子にお金を入れている**ではありませんか！

それを見たHさんは、心のなかで「勝った」と思ったそうです。

素晴らしい機転で、海外旅行中のピンチを乗り越えたHさん。

なかなか痛快な話ではありませんか！

12 感謝のメッセージ

チキンハートだった私は、残念ながら経験がありませんが、**海外へのホームステイという体験は、人生のなかにおいて、とても有意義な「旅」体験**だと思います。

私の知り合いにも、何人か学生時代にホームステイを経験している方がいますが、やはり、視野が広い。そして、**「他人を認めること」や、「人に感謝する」ということをとても大切に考えている**ような気がします。

では、第2章の最後に、私の知人が、若き日に、ホームステイという「旅」で体験した忘れられない話を2つご紹介しましょう。

1人目は、英語スクールの代表をされていて、大学で英語を教えることも多い女性。仮にDさんとしましょう。このDさんが、学生時代に、サンフランシスコの家庭にホームステイをしたときの、「忘れられない体験」です。

ある日、少し遠出をしたDさん。帰りのバスを乗り間違え、見知らぬ場所に行ってしまいます。まだ携帯電話がない時代。バスを降りて歩き回り、ようやく見つけたのはスーパーマーケットの駐車場の片隅にある公衆電話。そこから、半泣き状態でホームステイ先のホストマザーに電話をします。

「すぐに行くからそこにいてね」とホストマザー。Dさんにとっては、涙が出るくらいに有り難い言葉です。

事実、ホストマザーは、わずか20分後には、スポーツカーを飛ばしてかけつけてくれたのです。心の底から感謝するDさん。Dさんを乗せた車がホストファミリーの家に着いたのは、もうすっかり陽が暮れた時刻でした。

車庫に車を入れ、運転を終えたホストマザー。

「なんとか戻って来られた……」と、安心するDさん。しかし、Dさんは、このとき、ホストマザーから、「一生忘れられないひと言」を言われたのです。

「**あなたはまだ、私に『thank you』と言っていないわよ**」

このひと言は、Dさんにとって、大きなショックでした。

心のなかでは、涙が出るほど感謝していたのに、それを肝心の相手にひと言も伝えていなかったなんて！

この体験は、彼女には「一生の学び」になったそうです。

「ありがとう」というたったひと言の「感謝のメッセージ」の大切さ。

ホームステイという「旅」は、Dさんに「ほろ苦い思い出」とともに、「一生の教え」を残してくれたのでした。

もう1つ。知人の女性がホームステイで体験した話。

その知人、仮にTさんとしましょう。

Tさんがホームステイをしたのは中学生のとき。ホームステイ先はアメリカの田舎街でした。ホームステイ先には、同年代の女の子とその弟がいて、初対面ではクールな印象だったそうです。

でも、日本から持って行った折り紙が、一気に距離を縮めてくれました。

Tさんが「折り鶴」を折ると、アメリカ人の姉弟は、「マーベラス！」と。

その後は、まるで何年も前からの幼なじみのように遊び合うようになり、お互いに心から笑い合う仲に。

彼女にとって、このアメリカの片田舎での日々は、楽しすぎる時間だったそうです。

しかし、時間は無常に過ぎ、あっという間に、日本に帰る日がきてしまいました。

その日は、もう、前の晩から、「明日、このホームステイ先の家から自分がいなくなる」ということを受け入れられず、悲しすぎて涙も出ないほどだったそうです。

そして、いよいよ、最後の日の朝。

寂しすぎて、姉弟に「ちゃんとしたお別れの言葉」も言えません。

親御さんが車で空港まで送ってくれましたが、感謝の言葉も口にできない状態。

でも、姉弟も、自分を送ってくれる親御さんも、自分との別れを心から悲しんでくれているのが伝わってきます。みんな、ツラくて、言葉を発することができないのでした。

その日、彼女にできた、精一杯のこと。

それは、**たったひと言、「thank you」と書いた一片の紙と、小さな折り鶴を車のシートに残すことだけ**でした。

そのひと言と、折り鶴が、彼女の「感謝のメッセージ」。

ホームステイという「旅」は、Tさんに、忘れられない思い出だけでなく、**自分にとっての「もう1つの家族」、そして、「もう1つの故郷」を残してくれた**のです。

ホームステイという「旅」。

なんだか、その体験をしている人たちが、ともて羨(うらや)ましくなるような話です。

第３章　読むと誰かに話したくなる章

旅にまつわる よもやま物語

第３章は、
歴史上の人物や有名人などにも登場していただき、
「読むと人に話したくなる旅の話」をお届けします。
さまざまな人たちの
「旅のエピソード」や「旅についての話題」です。
旅についての「よもやま話」として、
楽しんでいただければと思います。

「旅の過程にこそ価値がある」

スティーブ・ジョブズ（アメリカの実業家）

13

松尾芭蕉がビビったもの

有名な『奥の細道』。作者は言わずと知れた松尾芭蕉です。

芭蕉が、崇拝する西行法師の500回忌にあたる元禄2年（1689年）に、門人の河合曾良とともに江戸を発ち、奥州、北陸道を巡りながら、各地で俳句を詠んだ俳諧紀行ですね。

この芭蕉さん。本名は松尾宗房といいます。松尾家は、平家につながる血筋といわれていますが、当時は両親ともに農民の身分。芭蕉が13歳のときに父親が亡くなると、家計が苦しくなり、芭蕉は、地元である伊賀の国（現在の三重県）の侍大将の元に仕官したそうです。

ただ、仕官といっても役人ではなく、料理人として仕えたのだとか。その仕官先で、当時、身分の高い者の嗜(たしな)みの1つだった俳句と出会い、夢中になっていったのです。

雑学の本などに、よく、「実は、松尾芭蕉は忍者だった」とあるのは、芭蕉が忍者の本場(?)、伊賀の出身だったことや、『奥の細道』の旅路が、驚異的なスピードだったことなどがその理由です。

なにしろ、『奥の細道』の全行程は600里といいますから、約2400キロメートル。それをたったの150日で歩いてしまったのです。

足元の悪い山道を1日約16キロ。テレビのバラエティ番組などを見ると、若いタレントでも、10キロ歩いたらヘトヘトになっています。旅の当時、芭蕉は46歳(現代の46歳とは違って、もう初老といえる年齢)だったので、相当な健脚ですよね。

ちなみに、芭蕉さん、旅が好きで、自然を愛し、野宿が大好きなアウトドア派……と、そんなイメージがありませんか。

いやいや、実は、野宿は大嫌いだったそうで、この『奥の細道』の旅でも、野宿は1度もしなかったとのこと。少しくらい高額でも無理して宿に泊まり、それができないときは、知人の家に強引に泊まらせてもらうこともあったとか。

さて。教科書にも、たくさんの句が載っている芭蕉さんですが、なかでも、とくに有名なのは次の句でしょう。

五月雨を　あつめて早し　最上川

実はこの句、最初、芭蕉は、こう詠んだのだそうです。

五月雨を　あつめて涼し　最上川

「早し」の部分が「涼し」だったのですね。

これ、「涼し」だと、ちょっとのどかな句です。

芭蕉も最初は、雨によって増水した最上川が涼しげなことよ……くらいに思っていたのでしょう。

ところがどっこい、いざ、最上川を船で渡ろうとしたらあなた、激流が怖いのなんの！

これは「涼しいどころではない！」とビビって、「早し」に変更したのだそうで。

芭蕉さん、その気持ち、わかります。

かく言う私も、かつて、北海道の小樽へ行ったとき、似たような体験をしました。

有名な「にしん御殿」こと「小樽貴賓館（旧青山別邸　明治30年に完成した鰊漁網元の住居兼作業所で、現存する鰊漁場建築物では最大級のもの）」を観光したあと、小樽市内に戻る際、バスではなく、海から観光船で戻ることにしたのが間違いのもとでした。

遠巻きには静かでも、その日の海は、少し波が高かったのです（運航中止になる一歩手前くらいの波の高さだったとあとから聞きました）。

80人くらい乗れる船でしたが、少し沖に出たら、もう、大海に浮かぶ板切れのごとし。生涯に乗ったどんなジェットコースターよりも怖くて、私はすっかり壊れ、ずっと笑っていました。人間、怖すぎると笑うものなのですよ。

この、急流の激しさや波の高さは、**実際にその場で体験しないとわからない**もの。

そういう**実体験もまた、旅の醍醐味**なのでしょう。怖いけど……。

14

伊能忠敬が旅に出た本当の理由

ここであなたに質問。

伊能忠敬(いのうただたか)は、何をした人として有名でしょう?

えっ? 「馬鹿にするな」ですって?

そう、**日本中を徒歩でまわって、日本初の正確な日本地図を作った人物**ですね。その偉業は、必ず教科書に出てきます。

その地図は実に正確なものだったそうで、のちにイギリスの測量船が日本沿岸の地図を作成しにやってきたとき、忠敬が作った地図を見て、その正確さに仰天し、「今さら、測定の必要はない」と、自分たちで測定するのをやめたという話も残っています。

それまで、日本人に対して「鎖国を続けていた未開の文明後進国」という印象をもっていたイギリスでは、この**伊能忠敬の地図を見て**、**「日本人、あなどりがたし！」と**、**認識を改めた**というのですから、「欧州に日本を見直させた業績」だったということになります。

ところで、この伊能忠敬。もう1つ、日本初の偉業を成し遂げているのですが、ご存知でしょうか？

実は忠敬さん、**「日本で最初に地球の大きさを測定した人物」**でもあるのです。

というより、そもそも、**彼が日本地図を作る旅に出た最大の目的は、地球の大きさを測ることだった**のです。

1745年、今の千葉県に生まれた忠敬は、造り酒屋に婿養子になり、その後、その酒屋を引き継ぐと、ずっと家業に専念します。

そんな彼、実は大の天文マニア。お酒を造りながらも、その思いは、宇宙に向いていたのです。そして、49歳のときに、家督をゆずって隠居すると、1795年、江戸へ出て、幕府お抱えの天文学者、高橋至時（たかはしよしとき）に弟子入りしました。

弟子入りした、といっても、師匠の至時は、まだ31歳。忠敬よりもずっと年下でした。でも、やっと念願かなって天文学の世界に足を踏み入れた忠敬にとっては、師匠が年下だとか、そんなことは、どうでもよいことだったに違いありません。


さて。

この頃、すでに２つの地点の同じ時間の日陰の角度から、地球の大きさを計算する方法が知られていて、西洋では、エラトステネスが地球の大きさを計算していました。

その方法は、ごく簡単にいえば「緯度１度の距離を求めて、それを３６０倍する」というもの。

忠敬も、この考え方を真似て、浅草と深川の２か所から北極星を観測し、緯度の差を求め、地球の大きさを計算しましたが、浅草と深川では距離が近すぎて正確な値が出ませんでした。

正確に地球の大きさを計算するには、せめて、江戸と蝦夷（北海道）くらい距離が離れた

2か所から北極星を観察する必要があったのです。

こうなったら、是が非でも蝦夷に行きたいと思う忠敬。

しかし、当時、蝦夷地に行くためには、幕府の許可が必要でした。

もちろん、「地球の大きさを計算したい」なんて、スットンキョウな理由では、許可は出ません。

そこで思いついたのが、**「日本の正確な地図を作る」という方便**です。

それまでも日本地図は存在しましたが、どれもいい加減なものばかりだったのですね。

この提案は大成功！　忠敬は、まんまと、幕府から「蝦夷地まで行く許可」を得ることに成功したのです。


ときに、忠敬55歳。

当時の寿命を考えると、もうおじいさんと言える年齢です。

日本の歴史に残る偉業は、忠敬の人生の後半で成し遂げられたのでした。

幕府の許可をもらい、1年がかりで蝦夷地にたどり着いた忠敬さんは、さっそく北極星を観測。

その結果、計算して得られた緯度1度の距離は111キロメートルで、その360倍は、3万9960キロメートル。

実際の地球の大きさは1周4万キロメートルですから、ほぼ、正確に地球の大きさを計算することに成功したのです。

これが、「日本で最初に地球の大きさを計算した人物」たる所以です。


言ってしまえば、忠敬としてみれば、旅をはじめて1年目にして、最大の目的を達成してしまったわけですね。

とはいえ、幕府に「正確な日本地図」を作ると約束してしまっています。

つまり、ここでやめるわけにはいかない……。

結局、その後、忠敬は、16年間にわたって、計10回も測量の旅に出たのでした。

そして、ついに「大日本沿海輿地全図（大図214枚・中図8枚・小図3枚）」を完成させたのです。ちなみに、師匠の至時は地図の完成前に40歳の若さで亡くなっています。

歴史の教科書に載っていた、あの日本地図を作るウラにそんな物語があったとは……。

私、この話を知るまでは、ずっと、「伊能忠敬は、日本地図を作るために執念を燃やしていたのだろうな」と思っていました。

それがまさか、「目的は達してしまったけど、まあ、約束だからしょうがないか……」というノリだったとは……。

旅に出る目的は人それぞれ。江戸時代に、「地球の大きさを測りたいから、蝦夷地まで行く」って、そんなカッコイイ理由で旅に出た人がいたことに、なんだか、ロマンを感じてしまいます。

「危険を冒して前へ進もうとしない人、
未知の世界を旅しようとしない人には、
人生は、ごくわずかな景色しか見せてくれないんだよ」

シドニー・ポワチエ（アメリカの映画俳優、監督）

15 ラスベガス必勝法？

海外旅行先での大人の遊びといえば、カジノではないでしょうか。

ラスベガスやマカオには、高級ホテルがお辞儀して通るような巨大なカジノがあり、いやがうえにもギャンブル心を刺激してきます。

これは、かつて、ある経営コンサルタントの方から聞いた、「ラスベガスなど、ギャンブルができる場所に旅行したときの、もっとも賢い遊び方」というお話です。

ちなみに、私は、子どもの頃、ギャンブル（？）にハマってしまうタイプでした。

まあ、子どもなので、競馬や競輪にお小遣いをつぎ込んでスッテンテンということはありませんでしたが、お金をコインに替えて遊ぶゲームセンターなどに行こうものなら、熱くなってしまうタイプ。

ゲームセンターによっては、コインをプールしておいて、次回の来店に持ち越すとかができたようですが、いつもなくなるまで使い切るので、そんなコインを預ける制度は無用な子どもだったのです。

そういう自覚があったので、子どもの頃からこう考えていました。

「将来、競馬に手を出したら、絶対に全財産を使い果たすに違いない……」

この思いが、私を自己破産から救ってくれたのです。

……というのは、少しオーバーですが、とりあえず、大人になってから、ギャンブルにハマらないで済んだのは、幼い頃に、ゲームセンターで、「ギャンブルなんて、胴元以外は儲からない」という大原則を学んだおかげだったと思います。

そんな私ですが、大人になったのに、生涯1度も競馬をやらないのももったいないと思い、1度だけ競馬場まで行ったことがあります。

場内に入ったら最後、財布がカラになって、帰りの電車賃がなくなるに違いないと思ったので、競馬場までは行ったものの、場外馬券売り場で馬券を買って、レースの様子は、大型スクリーンで楽しむことにしました。

感覚としては、ゲームセンターの競馬ゲームみたいなもの。

違いは、コインではなく現ナマを賭けているということですね。

さて、生涯で初のガチンコの競馬。

どうせ、社会経験として「なんちゃって競馬体験」をするだけのつもりだったので、何も予備知識を仕入れておらず、どの馬が強いかすら知りません。

そこで、競馬ゲームでよくコインを入れていた、「1－4」を買うことにしました。

オッズ（賭け率）を見ると、たしか、「6倍」くらいで、高くもなく、低くもなく、初勝負としてはちょうどいい感じ。よし、「1－4」でいいや。

その日は、「安く買って、競馬ゲーム感覚で何レースか楽しもう」と思っていたので、たしか、小手調べで200円（その競馬場は1口100円から買えました）しか買いませんでした。

さあ、いよいよ、人生初競馬。その結果は……。

当たってしまったのです。

初めて買った馬券が見事的中！　２００円が一瞬にして１２００円になりました。

そのとき、私はどう思ったか？

「しまった、もっと賭けておけばよかった！」とは思いませんでした。

私は、思わぬ結果に恐れおののいて、こう思ったのです。

「**これは、ぜったいに、競馬に手を出してはならぬ！**」

この「濡れ手で粟（あわ）」の感覚。

一度知ってしまったら、いつか、全財産を賭けて勝負してしまうに違いない。

なんの予備知識もない私がビギナーズラックで的中するなんて、「ギャンブルの悪魔」が仕掛けたワナとしか思えないではありませんか。

そう思った私は、その１レースだけで、早々に競馬場をあとにしたのです。

以来、競馬や競輪などとは、ずっと、距離をおいているのでした。

さて……。

すっかり、自分の競馬体験記で熱くなってしまいましたね。失礼しました。

ここで、冒頭でお約束した、あるコンサルタントから聞いた、「ラスベガスなど、ギャンブルができる場所に旅行したときの、もっとも賢い遊び方」についてお話をしましょう。

そのコンサルタントは、ラスベガスやマカオなど、ギャンブルができる場所に旅行したとき、いつも同じ遊び方をするのだそうです。それは、どんな遊び方かというと……。

その日、ギャンブルにつぎ込む予算金額がたとえば5万円なら、その5万円の**全額を、最初に一発勝負で、ルーレットの赤黒の2拓につぎ込んでしまう！**

もし、当たったら、その日は、その勝負で儲けた金額分だけ遊ぶ。これなら、全額スッたとしても、元金は1円も損しません。

そして、もし、最初の一発勝負がハズレたら……。「ギャンブルはつまらん！」と捨て台詞を吐いて、そのまま、バーへ飲みに行くのだとか。

これが、時間もお金も無駄にせず、熱くなって予算額を超えて損をしない、そのコンサルタント流の必勝法なのだそうです。

最初の競馬以来、ギャンブルと縁を切った私ですが、この話を聞いたときは、「なるほど、賢い！」と、腑に落ちました。

ただ、「あなたは、観光でしょっちゅうそういう場所へ行けるだろうけど、めったに行けない人は、一発勝負だけでは帰れないだろうなぁ」とは思いましたけど……。

幸運にも、私はまだ、ラスベガスやマカオなどの本格的なカジノには行ったことがありません。もし、行ってしまったとしたら、このコンサルタントの箴言（しんげん）を無視して、スッカラカンになり、どこかの地下工場に売り飛ばされていたに違いありません（発想が漫画……）。

16 豪華客船で「見世物」になる?

福本伸行さんの人気漫画『賭博黙示録カイジ』。

無気力な日々を送っていた主人公の青年、カイジが、命がけのギャンブルにハマっていくという内容。その壮絶なストーリーとリアルで独特な心理描写がウケて、実写映画やテレビアニメにもなりましたよね。

その作品のなかに、カイジたち「人生の負け組」の人たちが、命がけのギャンブルに挑戦する姿を、お金持ちたちが、特等席で豪華な食事をしながら見物するというシーンがあります。私は、漫画でこのシーンを読んだとき、ふと、ウルトラクイズに出たときの、マイアミでの自分の姿を思い出してしまいました。

私が参加した『第10回アメリカ横断ウルトラクイズ』は、ウルトラクイズのなかで唯一、挑戦者が進むルートを「北米ルート（別名「天国ルート」）」と「南米ルート」（別名「地獄ルート」）という2つに分けた回でした。

番組の演出としては、「天国ルート」を勝ち抜いた北米チャンピオンと、「地獄ルート」を勝ち抜いた南米チャンピオンが、ニューヨークで「南北対決の決勝戦」を行なうという壮大なストーリーだったわけです。

私が選んだ北米ルートは「天国気分」を醸し出すために、クイズの本番も、エプコット・センター（フロリダ州オーランドのウォルト・ディズニー・ワールド・リゾートにある4つのディズニーパークの内の1つ）や、カリブ海クルーズの豪華客船など、少し浮かれた場所（?）で行なわれたのですね。

私が、漫画の『賭博黙示録カイジ』を読んでいるときに思い出したのは、このうちの豪華客船の甲板で行なわれたクイズでした。

どんなクイズだったのかというと、挑戦者が船の甲板で横一列に並び、出題されたクイズの答えがわかったら、雑巾(ぞうきん)がけをして、はるか先にある早押しボタンを押して解答するというルール。

雑巾がけ競争とクイズを合体したルールですね。

で、このクイズの最中。息をハーハーさせながら、ふと、見上げると、客室階のデッキから、たくさんの乗船客が、手にお酒のグラスとかを持ちながら、私たちがクイズ（というか、雑巾がけ競争）をしている姿を見降ろしていたのです。ジャパニーズTVクイズショーを、船内のアトラクションの1つとして楽しんでいたというわけです。

うーむ……。これって、まさしく、カイジに出てきた「**富裕層が、貧乏人たち同士が争う姿を見て楽しんでいるの図**」のようではありませんか！

まさか、20歳を過ぎた会社員の身でありながら、こんなところで「見世物」になろうとは……。人生、「一寸先はダーク」ですね。

ちなみに、船内には本格的なカジノがあり、その日の夜は、そこで小1時間遊びました。

前の項でお話をしたように、カジノにはハマってしまうタイプという自覚があるので、たしか50ドルくらいを財布に入れて、「これ以上は使わない」と心に誓ってから、カジノに向かったと思います。そして、ルーレットは、ちょっと敷居が高いので、おとなしく、まぐれで大勝ちできることがある「ポーカーのスロットマシン」オンリーで勝負しました。やってみたら、なんと、1回目から大当たりが出て、コインがマシンからダーッとあふれ出て、あっという間に日本円にして約100万円分の大もうけ！！！

……などということはいっさいなく、小1時間で、上限額と決めていた50ドルを使い果たして、すぐに退散しました（笑）。

そんな、人生初の豪華客船での旅。考えようによっては、これから先、豪華客船に乗ることはあっても、豪華客船の甲板を雑巾がけする機会はないでしょうから、貴重な体験だったことはたしかなのでした。

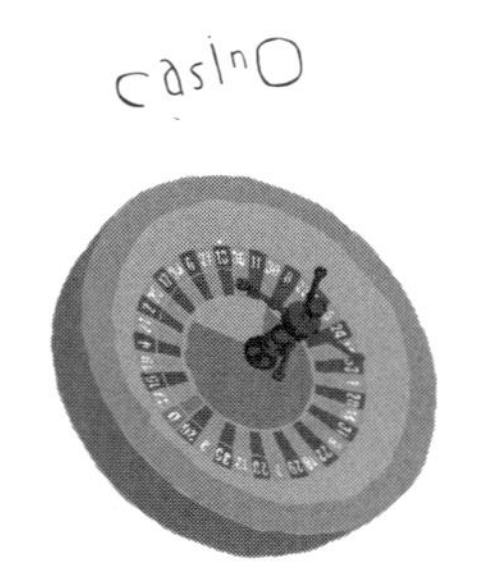

17

同じ船旅でも

「船旅」というと、現在では、「優雅なもの」というイメージです。

1つ前の項で、私がウルトラクイズの旅で、豪華客船で見世物（？）になったお話をしましたよね。

しかし、マゼランやらキャプテンクックなどという冒険家たちが海に乗り出していった、いわゆる「大航海時代」での「船旅」は、**「ほぼ生きては帰れない」と言っても過言ではないほどの命がけの旅**でした。

嵐で船が沈没するかもしれないだけでなく、当時の船乗りたちが震え上がる、ある恐ろしい「悪魔」がいたのです。

その悪魔の名は……。

「**壊血病**（かいけつびょう）」！

そう、ビタミンCが不足することによって発症する病気として、昔、教科書でご覧になったことでしょう。

この壊血病、船乗りたちにとっては、まさに「悪魔の病」だったのです。

なにしろ、当時、200万人の船乗りが壊血病で命を落としたそうです。200万人ですよ、200万人！　しかも、当時は、まだ原因不明。それは、「悪魔」として恐れられるのは当然ですね。

ただ、経験的に、レモンなどの柑橘類や野菜をとるのが有効だということまではわかっていて、クック船長は、大量のレモン汁や野菜を船に積み込んだそうです。

そう言えば、1853年（嘉永6年）にペリーが浦賀にやってきたとき、黒船の船上で行なわれた日米の交渉の席で出された飲み物はレモネードだったそうですね。決して、偶然にレモネードだったわけではなかったのです。

黒船の船員たちは、壊血病にやられていて、日本側から調達した大根を、奪い合うようにして、むさぼって食べたという記録が残っています。


さて。

ときは流れて現代の「船旅」。

かつては、「一生に一度の夢」だった、日数にして100日を超えるような、「豪華客船での世界一周のクルーズ」でさえ、船によっては、120万円代からあり、「少し無理すれば行ける、ちょっとした贅沢」レベルになりました。

国内数か所と、外国1か所をめぐる10日間程度のクルーズなら、20万円代もあり、ヘタに国内旅行するよりも安く済むほど身近なものになっています。


そんな、豪華客船での楽しみの1つが食事でしょう。

大きな船は、それこそ、小さな町がそのまま移動しているようなものなので、レストランも1つや2つではありません。

たとえば、ある豪華客船では、16か所のレストラン（無料8店、有料8店）で、いつでも食べ放題なのだとか。

私はまだ、「豪華客船での旅」というものを、ウルトラクイズ以外では（苦笑）経験していませんが、もし、そんな、食べ放題の船に乗ってしまったら、貧乏性が出て、四六時中、たらふく食べてしまいそうです。

10日間もそんな旅を続けたら、1日に1キロペースで、体重が10キロくらい増えてしまいそうな気がします。


大航海時代の船員たちは、野菜などの食べ物不足で壊血病に悩まされましたが、現代の私が「船旅」をしたら、食べ物過多で、別の病気になってしまいそうな予感。

同じ「船旅」でも、えらい違いですネ……。

「長い旅行に必要なのは、大きなカバンじゃなくて、
口ずさめる一つの歌さ」

スナフキン（トーベ・ヤンソン原作、ムーミンシリーズの登場人物）

18

長旅に必要なものは？

子どもの頃。テレビアニメ『ムーミン』で初めて見たスナフキンは、やけにカッコよかった。

いかにも放浪の旅人という雰囲気で、ギターを背負っていて、たき火の前で、「おさ～びし～やまよ～♪」なんて、シブく歌っていました。

ムーミンは、そんなスナフキンに憧れていましたっけ。

実は、そのシブいスナフキンが登場する、１９６９年に日本で最初にアニメ化されたときのムーミンは、原作とはあまりにも、世界観やキャラクターのイメージが違っていたのだということを大人になってから知りました。

原作者のトーベ・ヤンソンからは、「ムーミン谷、ムーミン的考え方のすべてが間違って表現されている」と、大クレームをもらったという話が残っているそうです。

そもそも、原作のスナフキンが奏でるのはギターではなくてハーモニカですから、それ1つとっても、なかなかのアレンジ。これは私の想像ですが、当時の日本では、「自由な若者」はギターを弾くものというイメージから変更したのではないかと……。昔は、原作の漫画と、そのテレビアニメがまったく内容が違うというのは日常茶飯事でしたので、アニメ会社も、さほど悪気はなく、いつものノリで世界的な名作をアレンジしてしまったのでしょう。


さて。そんな話はさておき。

扉ページの言葉は、原作のほうのスナフキンの言葉です。

トーベ・ヤンソンのムーミン絵本『さびしがりやのクニット』（講談社　渡部翠訳）に出てきます。

「長い旅行に必要なのは、大きなカバンじゃなくて、口ずさめる一つの歌さ」って、なかなか、カッコいいセリフだと思いませんか！

数々の著書があるベストセラー作家であり、起業家の山崎拓巳さんは、友人たちと旅行をするときには、毎回、テーマ曲を決めるのだそうです。

で、その旅行の間は、その曲を聴きまくる。

なぜ、そんなことをするのかというと……。

「そういうふうにするとね、何年か経ったとき、偶然にその曲を聴いた瞬間に、その旅行の思い出がバーッてよみがえってくるんだよね。その瞬間がたまらないのよ」と。

なんと、そのときに**聴いた曲が、その旅行の思い出の呼び水になって、記憶の再生効果を生む**というのです。

なるほど、映画のテーマ曲を聴いた瞬間に、その映画の名シーンが頭に浮かんでくるのと同じ効果というわけです。

とくに、山崎さんは、旅行中、友人たちと深い議論や新しいビジネスのアイデアについて話すことが多いのだとか。

そんなこともあって、「**旅の記憶を思い出すフック**」**として、音楽を利用している**というわけなのですね。

さすが、起業家として成功されている方は、旅行中も、くだらない雑談で終わらないのだと、妙に納得です。

「旅と音楽」ということでは、私の場合、松山千春さんの『大空と大地の中で』を聴くと、広大な北海道の大地が頭に浮かんできます。

松山千春さんが北海道出身だからではありません。

私が高校生のとき、修学旅行で北海道へ行ったのですが、そのときのバスガイドさんが松山千春の大ファンで、バスでの移動中に、ず〜〜〜っと、千春の曲が車内に流れていたのです。

これがまた、千春の曲が合うんですよ、北海道の広大な景色と！

そんなわけで、スナフキンのようにカッコよくもないし、山﨑拓巳さんのように実用的でもない、しょーもない「旅と音楽」の思い出しかない私なのでありました。

19 温泉宿への3つの質問

行きつけの温泉宿があるって、いってみれば、別荘を持っているようなものです。

えっ？

「宿泊費が取られるじゃないか」ですって？

でも、考えてみてください。別荘だって、管理費がかかります。

たとえば、宿泊費が1万5000円の宿に、年間で4日泊まるとしたら6万円です。

年間6万円で、管理人がいつもきれいに掃除してくれていて、温泉があって、美味しい料理を作ってくれる料理人までいる別荘を持っていると思えば、なんだかとても安く感じませんか？

私がこんな考えを持つようになったのは、新潟県にある、ワイン蔵を併設した温泉付きの宿泊施設をよく利用している時期があって、「**ここにいると、まるで、別荘にいるような気分**」と思ったのがきっかけでした。

木を活かした作りの施設のなかで、ソファに座ってのんびりしていると、本当に、別荘にいるような気分になれます。

まあ、ただの詭弁（きべん）というか、妄想（笑）ですが、私は、行きつけの温泉宿のことを、そんなふうに考えるようにしているのです。

さて。

ここで温泉好きなあなたに、「行きつけの温泉宿」を選ぶときの参考になるお話を1つ。

以前に、何かのテレビ番組で、温泉の達人のような人が出演しているのを見たことがあります。

その達人曰く。「よい温泉旅館を見抜く、究極の3つの質問」というものがあるのだそうで、その達人は、温泉宿に予約を入れる際、この3つの質問をすることで、その温泉宿の「力量」を計っているのだとか。

その「究極の3つの質問」とは、次のようなものです。

質問1　「1人で宿泊できますか？」
質問2　「食事の時間を変更したいのですが？」
質問3　「温泉の温度は何度ですか？」

解説しましょう。

まず、質問1の「1人で宿泊できますか？」。

これは、儲からない1人客を快く受け入れるかどうかで、儲けよりもお客様へのサービスを大切にしている旅館かどうかがわかるとのこと。

次、質問2の「食事の時間を変更したいのですが？」。食事の時間を変更するのは旅館にとってはかなりの手間。臨機応変のサービスができる旅館かどうかがわかるとのこと。

こう聞いてみて、相手が「はい、大丈夫ですよ。何時にいたしますか？」なんて、快く引き受けてくれるようなら、なかなか対応力がある旅館というわけ。

最後の質問3、「温泉の温度は何度ですか？」。この質問によって、従業員たちが、自分の旅館についてちゃんと把握しているかがわかるとのこと。


いかがですか？

温泉旅館の人にとっては、たぶん、痛いところをついている質問なのではないでしょうか。

でも、どの質問も、「**お客様にご満足いただくことが第一**」と考えている旅館なら軽々とクリアできるはず。

初めて行く温泉宿に予約するとき、「この温泉宿、サービスのレベルはどの程度かしら？」なんて思ったら、試しに聞いてみてもよいかもしれません。

第4章　読むと今すぐ出かけたくなる章

旅を演出してくれる
プロたちのシビれる話

せっかくの旅行も、泊まった宿の接客1つで不愉快になり、
台無しになることがありますし、
逆に、旅行先で出会ったサービスに感動して、
心に残る旅になることも……。
第4章では、少し視点を変えて、私たちの旅を「演出」してくれる、
「おもてなしのプロ」の人たちにスポットライトを当てます。
ホテルマン、CA（キャビンアテンダント）、
ソムリエ、レストランの店員など、旅先で私たちを
迎えてくださる方たちの小粋な話をお楽しみください。

一期一会

日本のことわざ

20

龍安寺の1杯のお茶

日本文化の研究家として知られる、故ドナルド・キーン博士。

アメリカ人でしたが、日本を愛するあまり、日本国籍を取得。本名をカタカナ表記の「キーン ドナルド」と改め、「人を笑わせるときに使います」と、「鬼怒鳴門」という通称（雅号）を表記した名刺も持ち歩いていました。

これは、そんなキーンさんが体験した「おもてなし」の話。

キーンさんがまだ青年だった頃、留学生として京都に下宿していた当時の出来事です。


月がきれいな晩でした。

キーン青年は、突然、思いつきます。
「月明かりに照らされる石庭を見てみたい」思い立ったキーンさん、「石庭」と呼ばれる枯山水の方丈庭園が有名な龍安寺を訪ねました。

月明かりに照らされる龍安寺の庭。
「虎の子渡し」という別名がある、石と白砂の芸術です。
そのあまりの美しさに、ときを忘れて見入るキーンさん。
1時間ほど、ぼんやりと眺めていたでしょうか。
ふと……。
かたわらで「カタッ」と小さな音が。

見ると、自分の横に1杯のお茶が置かれています。
それは、住職の奥さんが、庭に見とれるキーンさんのために置いてくれたものでした。
奥さんは、熱心に庭を見ている、外国の青年をもてなすために、お茶を出してくれたのです。

キーンさんは、この1杯のお茶に感動します。

お茶を出してくれたことはもちろんです。

でも、それよりも、**庭に感動している自分のことを邪魔しないように、お茶を出すタイミングを計ってくれたに違いない、その心づかいの深さに感動した**のです。

「相手の感動の時間を邪魔しない」という気づかい。

よほど感動したのでしょう。キーンさんは、のちのちも、「日本での印象的な出来事」として、このときの話をされていたそうです。

キーンさんは、このときの1杯のお茶に、**マニュアルではない、究極のおもてなしの心**を見いだしたのかもしれません。

扉ページの四文字熟語のことわざ、「一期一会」は、茶道における「おもてなしの心得」に由来しています。

簡単にいえば、「出会ったそのときを、一生に1度の出会いと考えて、相手に対して誠意を尽くす」ということ。

サービス業に携わっている知人は、この「一期一会」という言葉が大好きで、たとえば、理不尽な要求をしてくるようなお客さまと接することがあっても、誠心誠意の対応をしています。

彼曰く。

「**一生に1度の出会いだと思って接すると、少しくらい無理難題を言われても、『一生に1度なら、お願いをかなえてあげてもいいかな』って思える**」とのこと。

おもてなしについての究極の言葉、「一期一会」。

私はこの言葉を聞くと、「おもてなし」の1つの例として、キーンさんに出されたお茶の話と、かつて、京都の宇治の茶店で飲んだ、1杯のお茶の味を思い出すのです。

21 先輩CAの言葉

サービス業にかかわる人にとって、繁忙期というのは辛いものでしょう。

たとえば、ファミレスのホールスタッフのアルバイトにしても、平日の午後のシフトと、日曜日のお昼のシフトでは、忙しさが雲泥の差です。

私はしょっちゅうファミレスで原稿執筆をするので、よく目撃するのですが、傍で見ていても、平日と土日の忙しさはまるで違い、こっちまで、「これだけ、忙しさが違うのに、同じ時給なんて信じられない……」って、余計な心配をしてしまうほどです。

そういえば、平成から令和に変わった2019年のゴールデンウィークは、史上初の10連休でしたね。行楽地などで接客に携わっている人たちにとっては、いわば、歴史的な繁忙期だったことでしょう。

さて。このゴールデンウィーク。

普段、なかなか連続した休みをとれない会社員の人たちが、大挙して海外旅行へと飛び立ちます。

つまり、「大空のおもてなしのプロ」であるCAさんたちにとっては、どのフライトも満席近くになる、大忙しの時期なのです。

さらにいえば、普段の「お客さまにビジネスマンが多いフライト」とは異なり、飛行機に乗り慣れていないお客さまが多いため、いつもとは違うタイプのトラブルも起こりやすいそうで……。

ゴールデンウィークは、ちょっと気合いを入れる時期なのだとか。

元CAで、現在は起業され、マナーに関するセミナーを開催されたり、本を出版されたりしている七條(しちじょう)千恵美さんが、この「ゴールデンウィークのフライト」について、新人時代の思い出として、こんな話をされていました。

まだ、新人だった七條さん、ゴールデンウィークの初日、正直、「最後まで体力がもつだろうか……」と、そんな気持ちだったそうです。

しかし、その日の朝のミーティングで、先輩ＣＡがこんな話をしたのです。

「今日からゴールデンウィークですね。**皆さんはピーク時の旅行が、普段の旅行に比べてどれくらい割高になるか知っていますか？** 今日、旅行でフライトするご家族のお父さまは、この日のために、一生懸命に働いてきたかもしれません。お母さんは、朝から準備ですでにお疲れかもしれません。そして、子どもたちは、ずっと、今日の日を楽しみにしてきたでしょう。皆さん、今日は、そんなお客さまの背景を想像しながら乗務しましょうね」

それまで、ゴールデンウィークに対してマイナスのイメージを持っていた七條さんでしたが、この先輩ＣＡの言葉で目からウロコが落ちました。

そして、こう思ったそうです。

「ゴールデンウィークの旅行が、いい思い出になるようなフライトにしてさしあげたい！」

マイナス思考からプラス思考へ、ポンッとスイッチが切り替わったのです。

サービス業に携わる人にとっては、この「想像力」を持っているかどうかが、もっとも大切な資質なのだと聞いたことがあります。

つまり、お客さまが今、どんな気持ちなのかを想像し、何を望んでいるのかを想像し、どうしたら満足していただけるかを想像する！

七條さんは、同じく新人の頃、フライト中にお客さまから「キミ、寒くないの？」と声をかけられたことがあったそうです。

そのときの七條さんは半そでのブラウス姿でしたが、お客さまの食事を用意するために動きまわっていて、寒いどころか少し暑いくらい。それで、元気に「はい！ 大丈夫です！」と返事をしました。

しかし、返事をしたあとで気がついたのです。

お客さまが「**キミ、寒くないの？**」**と聞いた意図は、**「**寒いからなんとかしてほしい**」**と言い**

たかったのだと。

そう思って周りを見渡すと、ほかにも寒そうにしているお客さまが……。

七條さんは、自分の体感温度とお客さまの体感温度が違うこと、そして、お客さまの言葉のウラに思いをめぐらせる想像力の大切さを学んだのでした。

この**想像力を支えるものが「観察力」**です。

独りになりたいお客様に、むやみに話しかけるようでは観察力が足りません。

悲しい気持ちでいるお客様に、元気に挨拶をするのも同じ。

頭のなかでいろいろと考えている最中のお客さまに、不用意に「お水のおかわりはいかがですか?」なんて声をかけてはいけないのです。

そして、「想像力」と「観察力」を発揮すれば、いつもよりも忙しくなるゴールデンウィークも、お客の気持ちになれて、「思い出になる連休にしてあげたい」と、優しい気持ちにもなれるのですね。

「一方はこれで十分だと考えるが、
もう一方はまだ足りないかもしれないと考える。
そうしたいわば紙一枚の差が、
大きな成果の違いを生む」

松下幸之助（実業家・発明家）

22

「急がないから」のウラ

昔、私がまだ、会社に入って間もない頃のことです。

怒りっぽくて怖いことで知られている某役員から、ちょっとした頼みごとをされたことがあります。たしか、仕事というよりも、プライベートがらみの依頼で、「ぜんぜん急いでいないから、手が空いたときに頼む」と言われたのです。

まだ、ド新人だった私は、その言葉を額面通りに受け取り、自分の仕事のほうを優先させていました。まあ、夕方くらいまでにやっておけばいいだろうと思ったのです。

さて。依頼を受けた数時間後。

その役員が、少しイライラした表情で私のデスクにやって来ました。

そして、こう言うではありませんか。

「さっきのあれ、できたか？」

「あっ、いえ、まだです」

「なにをやってるんだ！　油断があるな！」

不機嫌そうにそう吐き捨て、去っていく某役員。

「油断があるな」って言われても、さっきは「急がなくていい」って言っていたよね……。

そう思いながら、私は自分の仕事の手を止めて、そのプライベートの依頼をやり、その役員のもとへ持っていったのでした。


これ、今なら、**相手が「急がなくていい」と言った仕事ほど、最優先でやったほうが効果的**だとわかります。

相手は、「本当はすぐにやってもらったら嬉しいけど、そうも言えない仕事だから……」と思っているもの。

にもかかわらず、相手が、自分の依頼の言葉のとおり、本当になかなかやってくれないと、イライラして待っているものなんです。

だから、そういう依頼って、**相手に「もうやってくれたの？　いやー、助かるよ」って言ってもらえるチャンス**なんですよね。

フリーランスになった今ならよくわかります。

相手の依頼の言葉を額面通りに受け取っていては、ろくな仕事はできません。

私たちの旅を演出してくれるプロの人たちもそうです。

前の項で、「想像力」と「観察力」についてお伝えしましたよね。

お客である私たちの言葉の真意を見抜く力と対応を、常に期待されています。

ここで、前項にご登場いただいた七條千恵美さんの新人時代の失敗をもう１つご紹介しましょう（七條さん、失礼！）。

あるフライトで、ビジネスマン風のお客さまが彼女にこう声をかけてきました。

「なんでもいいから、雑誌を1冊持ってきて」

まだ新人だった彼女。お客さまの言葉どおり、雑誌コーナーから、そのお客さまが読みそうな雑誌を1冊持っていきました。

すると、その雑誌を見たお客さまからこう言われたのです。

「**これ以外に、なにかある?**」

相手の依頼の言葉を額面通りに受け取って失敗してしまったわけですね。

いくら「なんでもいいから1冊」と言われたとしても、せめて、そのお客さんが読みそうな雑誌を3冊は持っていって、どれかを選んでもらうべきだったのです。

相手の「言葉のウラの真意」に気をかけずに仕事をしていると、自分にも「2度手間のムダな時間」が返ってきてしまいます。

扉ページの松下幸之助さんの言葉は、商売に関する心得ですが、「これで十分」と思うか、「まだ足りないかもしれない」と考えるか、それは、接客の世界でも、大きなサービスの差となってあらわれるものだと思います。

23 夜のクリーニングサービス

もと国際線のCAで、有名老舗ホテルのVIP専用ラウンジのマネジメントの経験もある、インプレッショントレーナー／印象評論家の重太(しげた)みゆきさん。

テレビのバラエティ番組でもお馴染みですよね。

これは、その重太さんが、ホテルに勤務していた頃にあった話。

ある日のこと。夜の遅い時間に、アメリカ人の宿泊客から、ルームサービスにこんな依頼が入ります。

「明日、大切なプレゼンテーションで着るシャツが、スーツケースのなかでシワになってしまった。クリーニングしてもらいたい」

しかし、残念ながらクリーニングサービスは終了していた時刻だったため、「残念ながらお受けできない」と伝えたところ、それを聞いたお客さまが激怒してしまったのです。

この事態の連絡を受けた重太さん。ホテルと契約をしていないクリーニング店に何軒も連絡をしますが、その時間に仕事を引き受けてくれるお店はなかなかありません。

しかも、そうこうしているうちに、さらに悪いことが起こってしまいました。

そのお客が「もういい！　自分でアイロンをかけるから、部屋に持ってきてくれ！」と言ってきたのを、電話を受けたスタッフが英語をうまくヒアリングできず、お客の怒りが頂点に達してしまったのです。

さあ、ここでクイズです。

あなたには、この状況に対して、重太さんがどんな行動をとったかわかりますか？

ちなみに、重太さんは、あることをして、それまで怒りまくっていたこのお客さまを、あっという間に上機嫌にさせることに成功しています。

接客のプロフェッショナル、重太さんが、このお客さまに対してやったこと。

それは……。

アイロンとアイロン台を抱えて、そのお客の部屋へ行き、元気な声と最高の笑顔でこう言った。

「お待たせしました！　アイロンを届けにきました。もし、よろしければ、私がシャツにアイロンをかけさせていただきますが、いかがでしょうか？」

それだけではありません。

台帳で、このアメリカ人のお客さまが、大の日本びいきだと知った重太さん、着物姿の上に割烹着という、まるで『サザエさん』に出てくるフネさんのような、「ニッポンのお母さんスタイル」で、部屋を訪ねたのです。

それまで怒っていた、そのお客さんが、重太さんの姿を見て、喜んだのなんの！

「ワォ！　ワォ！」を連発して、すっかり機嫌を直してくれたのでした。

さすがは、のちの「印象評論家」ですね。

たぶん、アイロン台とアイロンを抱えたフネさん……ではなく、重太さんが部屋に入ってきたのをひと目見た瞬間、このアメリカ人のお客さま、心のなかで「ワンダフル！」って叫んだのではないでしょうか。

翌日のプレゼンテーションがうまくいったかどうかは、わかりませんが、少なくとも、このときのホテルでの経験は、この方にとって、忘れられないものになったことと思います。

相手のツボを心得たサプライズな演出。

これも、私たちの旅を思い出深いものにしてくれる、「旅の演出家」たちのワザの１つです。

24

フロント係が申し訳なさそうに言ったこと

第2章で、旅館に予約の電話をした際、宿泊費を聞き間違えて恥をかきそうになった話や、予約人数を間違われそうになったお話をしました。

この「宿泊の予約」で、お客と宿泊先の双方にとって、もっとも怖いのは、ダブルブッキングではないでしょうか?

私は以前、宿泊ではなく、レストランのランチビュッフェでやられたことがあります。

その店のランチビュッフェは、料理の内容がよいのに格安で、いつもランチどきには店頭に行列ができていました。

しかし、実は事前予約さえすれば、並ばなくて済むということで、私は何日も前に予約電話をして店を訪ねたのです。

ところが当日、いざお店に入ろうとしたら、予約が入っていないと……。

「申し訳ありませんが、列の最後尾に並んでいただけますか？」と言われて、

「えーーっ」っとなって、すぐにその店をあとにしました。

こちらは、並ぶのが嫌だから、わざわざ予約を入れたわけですから、帰って当然です。

これは「ダブルブッキング」ではなく、「予約漏れ」の例ですが、いくらなんでも、「列の最後尾に並んでいただけますか」はないでしょう（ですよね？）。

帰り際に、お詫びとしてランチの無料券をいただきましたが、結局、2度とその店には行きませんでした。まあ、気がついたときには、いつの間にか閉店していましたが……。


さて。

話は変わって、以前に夫婦で熱海旅行に行ったときのことです。

チェックインするとき、フロント係の女性が、実に申し訳なさそうな顔でこう言ってきたのです。

「あの……お客様。実は、お客さまの予約に関しまして当方で手違いがございまして……」

聞いた瞬間、げげっ！　っとなりました。まさか、ダブルブッキング？

身構える私に、そのフロントの女性、こう続けたのです。

「ご予約のお電話では、ご一泊、1万6400円ということでご案内していたのですが、ちょっとした手違いがございまして……本当に申し訳ございませんが、ご一泊の料金、1万2600円でも、よろしいでしょうか？」

今さら料金が少しくらい高くなっても、まあ、ほかのホテルを探すのも面倒だし、その料金でも……。

んっ？

今、「1万6400円が、1万2600円でもよいか」って、そう言った？？？

な、な、何？

安くなるってこと？

驚く私に、「ですので、お2人で2万5200円になってしまうのですが……よろしいでしょうか？」とフロントの女性。

「よろしいですか」もなにも、あなた……。そりゃ、よろしいですよ！

「あ、はい、それは、助かります」と、つい、トンマな回答をしてしまいました。


キーを受け取って部屋に行ってみると、最上階でベッドが3つあるとても広い部屋。

「ホントにこの部屋なの？　皿洗いとかしなくていいの？」と思ってしまいました。

もしかしたら、実は、ダブルブッキングで、グレードアップした部屋を用意してくれて、そのうえ、予約と違う部屋なので、ディスカウントして宿泊させてくれたのでしょうか？

真相は今でもわかりませんが、とにかく、その旅行は、「**お客にとってオトクになる提案を、実にすまなそうな顔をして伝えてきた**」フロントの女性にノックアウトでした。

予約漏れしたうえに、最後列に並ばせようとした、今はなきビュッフェレストランの対応とはエライ違いですネ。

このとき、**相手が喜ぶサプライズは、申し訳なさそうに伝えると逆にオモシロイ**ということを知り、以来、このワザ、何度か使わせていただいています。

25

ステーキ店の粋な対応

旅先での楽しみの1つは、いつもと違ったお店での外食でしょう。地元の名店や名物もよいですが、私は、なんの変哲もない、地元の人たち御用達の古いお店に入るのも好きです。古いお店というのは、地元の人たちに長年支持されて生き残ってきていますから、美味しくて安いとか、サービスがよいとか、それなりに生き残ってきた何かがあるもの。そんな、「よい店」の空気感が好きなのです。

私の知人に、「和製リチャード・ギア」とでも呼びたくなるほど、滅茶苦茶にダンディな起業家の方がいます。仮にIさんとしましょう。

そのIさんが某ステーキハウスで体験された「ちょっと粋なサービス」の話です。

Iさんが、そのステーキハウスで、オーダーしたステーキを食べていたときのこと。

店員さんが、何気ない感じで、「焼き加減はいかがですか？」と聞いてきたのだそうです。

聞かれたIさん、少し火が通りすぎているかな……と思っていたので、正直に「少し焼き過ぎた感じですね」と伝えました。

すると、驚いたことに、Iさんの言葉を聞いた店員さん、こう返してきたのです。

「**申し訳ございませんでした**。**すぐに焼き直してまいります**」

えっ！？　っと思うIさん。

決してクレームを言うような口調で伝えたわけではないのに、店員さんは、そう言うと、本当に食べかけのステーキが乗ったお皿を引き取っていったのです。

すでに「口をつけた」どころではなく、半分も食べ終わっているというのに！

「焼きが足りない」というのであれば、食べかけの肉を少し加熱すればよいでしょう、でも、これはその逆です。本当に、今から新しい肉に替えてもらっていいの？

そう思うIさんは、そのすぐあと、さらに驚かされました。

なんと、「新しいステーキが焼きあがるまでの間にお楽しみください」と、サービスとしてスープが出てきたのです！

ほどなく、ちょうどよい焼き加減のステーキがきて、Iさんは、結局、ステーキを1枚半いただいたのだそうです。

もちろん、2枚目のステーキもスープもお店のサービス。追加料金がとられることはありませんでした。

Iさんは、自身のSNSのなかでこう言っています。

「**このレストランは、食事だけでなく、満足と感動も提供してくれた。私は、また来店するだろう。そして、私は（こうしてSNSで）無料でこのレストランを宣伝している**」

つまり、一見、お店にとって損のように見えるサービスが、実はお店の益につながっていると……。そして、続けてこんなことも。

「言われたことをキッチリやればよかった時代は終わった。**相手の期待値を大幅に上回るも**

のを仕上げて納品すれば、お客さまは感動して、リピーターになってくれる。それどころか、クチコミして広告塔になってくれるのだ。

いいものをたくさん作れば売れる時代は終わった。頼む側は、モノが欲しいわけではない。時間をお金で買いたいと思っているだろうし、感動や思い出を買っている。だから、専門能力よりも、コミュニケーション能力がより重要なのだ」

いや〜。おっしゃる通りです。

1つ前の項で、私がビュッフェレストランの対応に腹を立てて、無料券をもらっても2度と行かなかったお話をしましたが、予約漏れとか、ステーキの焼き加減とか、ちょっとしたミスをしたときこそ、お客さまに「感動を与える」チャンスです。

そのときの対応1つで、お客さまは、そのお店のファンにも、広告塔にもなってくれるのですね。

利便性がよい場所にあるため、私がよく利用する某ミートレストランでは、鉄板の上に乗ったお肉に添えられているモヤシに十分に火が通っていないことがよくあります。モヤシのシャキシャキ感を残そうとしているのかもしれないのですが、あまりにも温かくないので、オーダーのときは、わざわざ毎回「モヤシには十分に火を通してください」と伝えるようにしています。

Iさんがステーキ交換を経験されたようなお店は、たぶんごくまれで、多くのお店のサービスは私が行く、このミートレストランと同じレベルでしょう。

だからこそ、期待以上のサービスは、他店との大きな差別化にもなるのです。

私は、よく行く旅先には、贔屓のお店があって、行くと必ずそのお店に入るタイプです。同じ店にばかり行って、少しもったいない気もするのですが、行くと必ず満足させてくれるので、また次もその店に行ってしまいます。

その満足は、料理の内容であり、値段であり、そしてやはり、お店の雰囲気であり、店員さんたちのサービスの良さだったりするのです。

26 超一流ホテルへのドッキリ

以前にテレビのバラエティ番組で、こんな疑問を検証する企画を放送していました。

疑問「超一流ホテルのサービスって、いったいどこまでしてくれるの？」

この実験の対象になったのが、「お客さまの要求には絶対にノーと言わない」という超一流ホテル、「ザ・リッツ・カールトン」でした。

番組では、「ザ・リッツ・カールトン大阪」のコンシェルジュ（宿泊客のさまざまな相談や要望に応える「よろず承り係」）に対して、仕掛け人がさまざまな無理な要求をして、その対応ぶりを隠しカメラで追ったのです。

仕掛け人からの要求に対するコンシェルジュの対応は、たとえば……。

●「『〇〇〇』（マイナーな古い映画）のＤＶＤが観たい」↓　すぐにＤＶＤの在庫がありそうな店に問い合わせ、「ご購入ということでよろしければ、ちょうどお店の近くにスタッフがおりますので、30分以内にお持ちします」と回答。（この「お店の近くにスタッフがいる」は、お客への気づかいで、実際には社用車を飛ばしてお店に取りにいった）

●「前髪をちょっと切りたいので、すきバサミを持ってきて欲しい」↓　「ホテル内に理容室がございますが」との回答に、「体調が悪いので部屋で切りたい」と伝えると、10分後に、すきバサミだけでなく、散髪用のシートとクシと鏡、さらに体調を気づかい、ハニーレモンと加湿器を持ってきてくれた。

●「彼女にプロポーズしたいので、プロポーズが成功した瞬間に打ち上げ花火をあげてほしい」↓　食事後、ホテルのテラスに場所を移し、プロポーズに彼女が「はい」と答えた瞬間、コンシェルジュが据え置き型の花火を打ち上げて祝福した。

さすがは、「ノーと言わないホテル」です。
このドッキリ企画。仕掛けた番組の司会役のお笑いタレントが、あまりの対応の素晴らしさにすっかり感動してしまい、思わずコンシェルジュに質問します。
「なんでそこまで、やってくれはるんですか?」
聞かれた「ザ・リッツ・カールトン大阪」のコンシェルジュの方は、こう回答していました。

「……**リッツ・カールトンですから**」

なんだか、無茶苦茶にカッコイイではありませんか!

ちなみに、最後にあった「お客さんがプロポーズをするときのサプライズ演出」というのは、ザ・リッツ・カールトンのコンシェルジュや従業員が「燃える」シチュエーションの1つのようで。

レストランで食事をしていて、ちょうど、食後のコーヒータイムに男性が恋人にプロポーズをする。そのタイミングで、テーブルの横に飾ってあったアイスカービング（氷細工）が溶けて、なかから、カタリと婚約指輪が落ちる……そんな、奇跡的な演出を成功させたこともあるそうです。

このときは、まったく同じアイスカービングを2つ作って、その彫刻の溶け具合を別室で確認しながら、食事やコーヒーを出す時間をはかって、プロポーズのタイミングに合わせて、指輪が落ちるよう調整したのだとか。

いや～、これぞ、サプライズの真骨頂ですね。

こんな、奇跡のような「旅の演出」をしてくれる「ザ・リッツ・カールトン」。

ぜひ、1度、泊まってみたいものです。（……って、ここまで書いて、泊まったことないんかい！）

「ホスピタリティの第一条件は、『自分のものさしを捨てる』ことです」

高野登（元リッツ・カールトン日本支社長　人とホスピタリティ研究所所長）

27 「あの飛行機が買いたい」と言われたら

1つ前の項で、一流ホテル、ザ・リッツ・カールトンでは、「お客さまのご要望にノーと言わない」とお伝えしました。

では、もし、お客さまが、本当にできそうもないことを要望してきたときは、いったい、どう対応するのでしょう?

ザ・リッツ・カールトンの元日本支社長で、ホスピタリティ研究所を設立され、サービスに関する数々の著書がある高野登氏の著書に、そんな、「できそうもない要望」について対応した話が出てきます。

あるときのこと。

お客さまからこんな要望がありました。


「ジェット機がほしい」


なんでも、宿泊している部屋から偶然に見えたジェット旅客機がどうしても欲しくなったとのこと。

このお客さま。口調からして、どうも冗談ではなく本気らしい。お金持ちなので、お金の面だけで言えば、ジェット機だって買えないことはありません。

でも、空を飛ぶ飛行機を見て、「あれが欲しい」と言われても……。

常識的に考えれば無理な話ですよね。

あなたが、こう言われたホテルマンだったらどう対応しますか？

リッツ・カールトンでは、お客さまからの要望に「ノー」は言いませんから、こう回答します。

「**承知いたしました！　お手伝いいたしましょう**」

そう回答してから、どうするか考えるというスタンスです。

実際に、このときのホテルマンもそう回答しました。そして、そのあとで、こんな対応をしたそうです。

まず、空港に電話をかけて、ホテルの立地とお客さまが飛行機を見た時間を伝えて、飛行機の機種を聞き出します。

そして、それが、どうやら「ボーイング747」だとわかったら、今度はボーイング社に電話をかけて、「個人がボーイング747を購入するには、どうしたらよいか？」と訊ねたのです。

ちなみにボーイング社からの回答はおよそ次のようなものでした。

「個人で買えないことはありませんが、いろいろと規制があります。ライセンスも必要です。駐機場も必要になります。そのほかにも、機体を運ぶ手段も考えていただかなければなりません」

ホテルマンは、それらのボーイング社からの回答をお客さまにそのまま伝え、「もう少し詳しいことは、直接お話しされたほうがいいと思います」と、お客さまに直接、ボーイング社と通話していただくようにしました。

ボーイング社と話をするうちに、自然とお客さまのテンションはさがっていき、電話を切ると、こうおっしゃったとか。

「**どうもダメらしい、じゃあプラモにするか……**」

どんな要望にも「イエス」と答え、要望に応えるとは、こういうことなのですね。

扉ページの言葉。高野氏は、**ホスピタリティ（もてなし）の第1条件は、「自分のものさしを捨てること」**だとおっしゃっています。「これは無理だろう」と思えるような要望も、相手の気持ちを理解して、最大限のお手伝いをする。

そうすれば、たとえ要望が叶わなかったとしても、お客さまは、「**ここまでやってくれて、ありがとう！**」という気持ちになるのですね。

お客さまに寄り添う、ホスピタリティの神髄のような話です。

28 「モスばあ」のタマネギ

私たちの旅を演出してくれる、プロの皆さんに関するお話を紹介してきた第4章。その最後に、旅先で、ササッと食事を済ませたいときに重宝なファストフードにかかわる、ちょっとイイ話をご紹介したいと思います。

あなたは、「モスジーバー」って、ご存知ですか?

「モスバーガー」じゃありませんよ、「モスジーバー」です。実はこれ、「モスバーガー」で働く、「60歳以上の店員さん」のこと。親しみを込めて、そんな呼び方をするのだとか。

ファストフードの「モスバーガー」では、積極的に高齢者を店舗で雇用しているのだそうです。

これは、そんな「モスじい」「モスばあ」が働く、モスバーガーの店舗での話。

前の項にご登場いただいた、高野登さんが、偶然に目撃したという実話です。

お店に入ってきた、一見、チャラチャラした若い女性が店員さんに注文します。

「モスバーガーください。トマト多め、ケチャップ多め、タマネギ抜きで」

この注文を聞いた「モスばあ」店員さん。なんと、彼女にこう言ったのです。

「タマネギ嫌いなの？　好き嫌いはダメよ」

これだけなら、ただの余計なお世話かもしれません。

しかし、「モスばあ」は、さらにこう続けます。

「あんた独身でしょ、これから結婚して旦那さんの助けになるのに、好き嫌いしていちゃダメでしょ。火を通しておいてあげるから食べてごらん」

たぶん、自分の母親よりも高齢の「モスばあ」からそう言われたその女性。

驚いた顔をしながらも、「はい」と返事をします。

やがて、出来上がった、タマネギに火が通った「モスばあ特製ハンバーガー」を食べる彼女。高野さんによれば、目に涙を浮かべて、泣いているように見えたそうです。

ハンバーガーを食べ終えた彼女。

カウンターまで行くと、「美味しかったです。ごちそうさまでした」と、モスばあに対して、きちんとした言葉づかいでお礼を言います。

「また来ますので、タマネギをお願いしますね」

「またいつでもいらっしゃい！　でも、ハンバーガーばかり食べてちゃダメよ」

「お店の人がそんなこと言っていいんですか？」

「そうね、店長には内緒ね」

2人のそんな笑顔の会話を聞いて、一部始終を見ていた高野さんも、心が温かくなったそうです。

もともと、モスバーガーが高齢者のスタッフの雇用を進めた当初の理由は「人手不足」でした。少子化で若い労働力が不足するなか、高齢者は、時間に余裕があって、早朝や深夜のシフトも組みやすい存在。

正直、はじめはそれほど「積極的に」雇用したわけではなかったとか。

しかし、試しに採用してみると、「無遅刻無欠勤で、まじめに働いてくれる」「接客が丁寧」「シニアのお客が増えた」など、予期しなかったさまざまな利点が！

お客さまからも、「**笑顔に癒される**」と好評で、「注文を間違えても許せる」との声まで寄せられたのです。

これ、マニュアル対応の「普通のファストフードのお店」に比べて、店舗として、すごい差別化ではないでしょうか。ちなみに、日本マクドナルドでも60歳以上の方を「シニアクルー」として採用しているそうです。

お年寄り店員の皆さんの意外な好評ぶり。

結局、心がこもった対応が、もっともお客の心を打つものなのだ……という当たり前のことを、あらためて教えてくれているような気がします。

第5章　読むとワクワクドキドキする章

アメリカ横断ウルトラクイズの旅

第5章は、わが人生における「最大の旅」と言っても過言ではない「アメリカ横断ウルトラクイズ」の旅についてお話ししましょう。

参加したのは、今からもう30年以上も前のこと。しかし、この旅に行く前とあとでは、私の人生観は大きく変化しました。私が今、こうして本を書いているのも、意を決し、ウルトラクイズの旅に参加したおかげです。

番組をご存知の方も、そうでない方も、「こんなことに、真剣に挑戦したヤツがいたんだなぁ」と、楽しんで読んでいただければ幸いです。

29 目からウロコが落ちたシーン

私が『第1回アメリカ横断ウルトラクイズ』の放送を見たのは中学3年生のときでした。

小学生の低学年の頃は「なぞなぞ」にハマり、小学校の高学年の頃は「推理クイズ」にハマった私。

中学生になると、今度は、テレビの『アタック25』や『アップダウンクイズ』などのクイズ番組を見るようになっていて、ちょうど、一般視聴者が出るクイズ番組に興味を持ちはじめていた時期だったと思います。

そんな私の目に、一般の視聴者がアメリカ大陸に渡ってクイズで戦い、負けた人は即、帰国という画期的なルールの同番組は、とても斬新に映りました。

しかし、「番組の面白さ、斬新さ」だけでは、たぶん、私は、ウルトラクイズのことを、「のめり込むほど好き」にはならなかったと思います。

私が、「アメリカ横断ウルトラクイズ」という番組に魅了されたのは、第1回の2週目（第1回のウルトラクイズの放送は2週にわたっての放送でした）の放送の後半にあった、あるシーンを見たからでした。

それはこんなシーンです。

あるチェックポイントで、挑戦者のなかの1人が敗退し、その帰国が決定したときのこと。

勝ち残った挑戦者のなかの1人が、突然、泣き出したのです。

カメラを向けられると、泣いている挑戦者は、自分が泣いている理由について、こう言いました。

「○○さんと別れるのがツラい……」

なんと、そのチェックポイントで敗退した挑戦者との別れがツラくて、泣いていたのです。

私は、このシーンに、衝撃を受けました。

それまで、クイズの挑戦者たちは、私のなかでは、いわば「将棋の駒」みたいに見えていたんですね。

応援している挑戦者が勝ち残るかどうか？　このチェックポイントで負けて帰国するのは、このなかの誰なのか？　と、そんなことをゲーム的に楽しんで見ていただけ。

でも。

ウルトラクイズの挑戦者たちは、将棋の駒ではありませんでした。彼らは1人ひとりが、「心」を持った人間。

一緒に旅をしていれば、いつの間にか、気心が知れてきます。

もう、一緒に旅を続けてきた「仲間」になっている。

その仲間が、この旅からいなくなってしまう……。

そう考えると、ツラくて、涙が出てくる……と。

私は、そのとき、生まれて初めて、「クイズ番組」の出演者が感情をあらわにして泣いている姿を見たのです。

「そうか、そういう気持ちになるんだ」と、目からウロコが100枚落ちる思いでした。

そして、**素直に感動しました**。「どうして？」と聞かれると、うまく説明できないのですが、とにかく、無性に感動したんです。

よく、一瞬で感動することを「カミナリに打たれる」なんて表現しますが、このときの私は、まさに、「ウルトラクイズ」というカミナリに打たれた状態になったのです。

「あっ、この番組は、ただのクイズ番組ではない」と……。

そして、こう思いました。


「**いつか、この旅に参加したい！**」

こうして、私にとって、「ウルトラクイズの旅」は、恋焦がれる対象になったのです。

「幸運の女神は準備されたところにやってくる」

ルイ・パスツール（フランスの細菌学者）

30 旅の支度は、○×クイズ？

旅に出たくなったら、目的地までの飛行機や新幹線のチケットを買って乗り込みさえすれば、とりあえず、目的地までは連れて行ってくれますよね。

でも、ウルトラクイズの旅は、そうはいきません。

第1次予選の○×クイズを突破しなければ、参加すらさせてもらえないのです。

「いつか、ウルトラクイズの旅に参加したい」と決心した私がやるべき「旅の支度」。

それは、後楽園での**○×クイズ予選を突破するための勉強**でした。

もちろん、クイズの勉強も必要でしたが、その頃は、テレビで毎週、たくさんのクイズ番組を放送していて、その番組を見て、わからなかった問題をメモするだけで、結構、クイズに強くなることができました。

それに、そもそも、どんなにクイズに強くなっても、○×クイズを突破できなければ、ウルトラクイズは、その狭き門を開けてくれないのですから、宝の持ち腐れ。

まずは、とにもかくにも、○×クイズが必須科目だったのです。


当時の私は、ひたすら○×クイズの勉強をしました。

クイズ番組を見ていて、○×クイズが出題されれば、片っ端から大学ノートに書き込んでいき、市販されているクイズの本に出ている○×クイズもすべてチェック。

ウルトラクイズの予選の1問目は、自由の女神に関する○×クイズでしたので、「自由の女神」についてはとくに調べまくりました。

しかし、インターネットなんてない時代です。書店で「アメリカ」に関する本を買って、自由の女神の記述部分から、自分で○×クイズを作ったりしました。

「はじめに」でお話をしたように、私がやっと第1次予選を突破したのは、第10回のときですから、少なくとも、最初に放送を見てから、10年近くは、そんな、**行けるかどうかもわからない、「旅の支度」**をしていたことになります。

さて。

ここで、ほんのさわりだけ、○×クイズについてお話をさせてください。（興味のない方は読み飛ばしてくださいネ）

努力というのは、裏切らないもので、数をこなすと、最初は見えていなかった、「○×クイズの正解を導き出すコツ」のようなものが見えてくるようになります。

○×クイズというと、知らない問題の正解率は50パーセントだと思うかもしれませんが、実は、そんなことはないのですよ、これが。

答えを知らなくても、正解率を上げる「読み」が効くようになってくるんです。

「このフリだったら、答えは○じゃないと、面白くないよね」とか。

「このフリは、悪魔の証明（「絶対にない」という証明は不可能ということ）なので、×にはできないよね」とか。

「このフリだったら、正解発表は、視聴者が驚く映像つきで正解をオンエアしたほうが番組として面白いから、答えは○」とか……。
そういう「推理」で答えを導き出せるようになってくるのです。
たとえば、第10回の後楽園予選で、こんな○×クイズが出題されました。

問．オリンピックのシンボルマーク、五輪の形は一筆書きできる？

さあ、わかりますか？
この問題も、答えを知らなくても、推理で正解を導き出すことができます。
ちなみに正解は……。

……。

……。

○！

オリンピックのシンボルである五輪のマークは、一筆書きできます。

では、どう推理すればよいのか。

もう、お分かりですね。

これ、正解を発表するときに、「では、実際にやってみましょう」って言って、その場で一筆書きしてみせて、「ほら、できた！　正解はこれだー！」って言って、ドーンと正解の○を見せるから、ワーッてなります。これが、何度も挑戦して、「うーん、やっぱりできないのか、正解は×だー」って、演出上、有り得ないじゃないですか。

こういう「推理」というか、「読み」が、問題を聞いた途端に、分析できるようになると、○×クイズの正解率はグンと上がるのですね。

私が、ウルトラクイズに参加できる年齢になってから、6回目の挑戦で、ようやく○×クイズを突破できたのも、こうした「正解を知らない問題に対しての読み」が働くようになったからです。

答えがわかる○×クイズなんて、第1次予選で10問の○×クイズが出るとしたら、2～3問出たらラッキー。とてもじゃありませんが、「読み」なしには連続正解は難しい。

そして、私が一次予選の○×クイズを抜けることができた、もう1つの理由。

信じようと信じまいと、それはやはり、**「幸運の女神」が、私に「そんなに行きたいのなら行ってこい」って、そう言ってくれたような気がしてならない**のです。

ウルトラクイズに勝つには、「知力、体力、時の運」が必要だと言われました。

そのなかの「時の運」が、味方してくれたのだと、今でもそう思っています。

「旅は私にとって、精神の若返りの泉である」

アンデルセン（デンマークの童話作家）

31 有休の果てに

「はじめに」でお話をしたように、『第10回アメリカ横断ウルトラクイズ』の後楽園での○×クイズ予選を突破し、説明会の福留さんの言葉を聞いて、「ぜったいに参加しよう」と決めてしまった私。


次にやらなくてはならないことは、会社を休む手続きでした。

ちなみに、当時の私は実家住まい。

親からは、「会社からオーケーが出たら行ってもよい」という言葉を引き出しました。

まあ、たぶん、親としては、「会社からダメ出しをされて、目を覚ます」か、あるいは、

「参加したとしても、すぐに負けて帰国するだろう」と思ったのかもしれません。

結果からいえば、私は、会社の皆さんのご厚意で、ウルトラクイズの旅への参加を許可していただきました。

これについては、もう、感謝しかありません。

もしかしたら、会社の上役の皆さんも、「どうせ、途中で負けて、すぐに帰ってくるだろう」と思っていたのかもしれませんが……。

会社から参加の許可をいただき、「果たして有休だけで行けるのだろうか？」と思って、調べてみると……。

そのとき、入社して半年だった私には、たしか、年間で14日間くらいの有給休暇がありました。

それまでに1日も使っていなかったので、土日の休みを合わせると、結構な日数になります（もちろん、研修を終えて配属されたばかりのド新人が、14日間の有休を連続して使うこと自体は狂気の沙汰（笑）なのですが……）。

しかし、ウルトラクイズの全日程は、前述のように丸1か月です。

有休を全部使っても、まだ、足りません。

そこで、私は、裏ワザを使いました。

土日に出勤して、ウルトラクイズに行っている期間に、その出社分の代休を取得したのです（もちろん、仕事もないのに出勤はできないので、休日出勤できたのは、前倒しできる仕事が発生したときだけです）。

と、そこまでやっても、もし、決勝のニューヨークまで勝ち残った場合、あと、3日間だけ、どうしても休みが足りませんでした。

そこで、私は腹をくくったのです。


「もし、ニューヨークまで勝ち残ることができたら、欠勤3日もやむなし！」

15歳のときから想い続けた、**「ウルトラクイズでニューヨークに行く」**という夢。

その夢が叶うなら、「社会人1年生にして、落第社員の烙印も悔いなし」と。

こうして、私は、持っている有給休暇をすべて申請し、休日出勤の代休も取得して、ウルトラクイズへの「旅支度」を終えたのです。

何が恐ろしいといって、ウルトラクイズの日程の初日に行なわれる、**成田空港での予選（なんとジャンケン！）で敗退したら、これだけの大騒ぎをしたのに、週明けの月曜日から会社に出社できてしまう**ことです。

いったい、どのツラを下げて、出社すればよいのか……。

思えば、ウルトラクイズ、会社勤めの人が参加するのには酷な番組でした。

参加者の多くが、自営業と学生だったのも納得ですね。

というわけで、会社から「旅への参加の許可をもらう」という壁を乗り越えた私。

次に乗り越えるべき難関は、成田空港で行なわれる、恒例の1対1のジャンケンへと変わったのでした。

「旅人は、旅から問われています。
旅人が旅に問うのではありません」

中谷彰宏（著作家・俳優・実業家）

32 ジャンケン必勝法！

ウルトラクイズの国内予選、最後の難関は、成田空港のレストハウスで早朝に行なわれる、挑戦者同士、1対1の3点先取のジャンケンでした。

先に3回勝ったほうが、勝ち抜けとなり、飛行機に乗り込むことができます。

実は、私が参加した第10回大会のときは、史上初の「うで相撲」だったのですが、まさか、そんな予選が待っているとは知らない私は、ひたすらにジャンケン必勝法を研究しました。

えっ？「ジャンケンに必勝法はないだろう？」ですって。

おっしゃるとおり、残念ながら、たしかに必勝法はありません。

でも。**勝率を上げる方法**ならあります。

とくに、1回勝負ではなく、3点先取ならば、よけいに、いくつかの「勝つ確率を上げる方法」が存在するのです。

せっかくですから、その方法のいくつかを、本書を手に取ってくださったあなたに伝授いたしましょう。

後楽園での1次予選を通過した私は、大学の友人や知人と、3点先取のジャンケンをやりまくりました。何ごとも、繰り返しというのは力を発揮するモノ。

そうやってジャンケンをやり続けているうちに、〇×クイズと同様に、「いろいろなこと」が見えてきたのです。

まず、**人のタイプによって、「最初に何を出すのか?」がおぼろげながらわかる**ようになってきました。

例をあげれば、「物ごとを深く考える、細かいタイプの人」は、最初にチョキを出す傾向が強い」。しかし、同じ人でも、気合が入りすぎたり、テンパっていたりすると、グーを出しやすくなります。

いっぽう、「元気がよくて、ガッツが前面に出るタイプの人」は、最初にグーを出す傾向が強い。しかし、同じ人でも、あれこれと余計なことを考えすぎてしまうと、チョキを出しやすくなるのです。

それを前提に、相手が初対面のときは、仕草や表情から、最初にチョキを出すタイプかグーを出すタイプかを見極めるのです。「そんなの無理」って思わないで、意識して観察してみてください。高い確率でわかるようになってきます。

同じ手を続けるかどうかも、その人の性格がモノを言います。

負けん気の強い人は同じ手を続ける傾向が強いし、頭がキレる臨機応変タイプの人は、違う手に切り替える傾向が強い。

また、人間は、連続動作でジャンケンをするときは、チョキのあとにパーを出しやすいこともわかりました。チョキであいこになって、連続動作でジャンケンをするときは、チョキを出せば、勝てる可能性が高い！

このへんでやめておきますが、このように、ジャンケン修行によって、あらゆることがわかったのです。

ちなみに、このときに徹底してジャンケンを研究したおかげで、私はいまだに、「**3点先取のジャンケンなら、8割以上は勝てる**」と公言しています。

初めてお会いする編集者さんと、ウルトラクイズの話題になったときには、「3点先取のジャンケンなら負けませんよ」と、今でもネタにしています。

そう宣言して、ジャンケンをして私が勝つと、本当に驚いてくれるのです。

ついでに書くと、世の中には、「多くの人と、真逆の出し方」をする人（とくに「社長」と呼ばれる人に多い）がまれにいます。

そういう人には、「勝ってはいけない」ことも学びました。

そういう人に勝てるようになるということは、「残りのその他大勢の人たちに負けやすくなってしまう」ので、そういう人とジャンケンをするときは、素直に負ければよいのです。

そういう相手は、ジャンケンを始めれば、すぐにそれとわかるので、ジャンケンをやっている途中で「あっ、勝てない」と口に出すようにしています。

そうすると、宣言の通りに私が負けるので、「どうして、途中で負けるってわかったの？」と、これまた感心してもらえるというわけです。


そんなわけで、ジャンケンまでも研究し尽くした私は、予想外のうで相撲に勝ち、首尾よく成田空港を突破して、飛行機に乗り込むことができました。

えっ？「じゃあ、結局、ジャンケンの修行は無駄になったのね」ですって？

いえいえ、実は、そうでもないんです。

たしかテレビではカットされていたと思いますが、「腕相撲を左手でやりたい人は、申し出て、その場で1回勝負のジャンケンをして、勝てば希望どおり左手で腕相撲ができる」という裏ルールがあったんです。

実は私、昔から、腕相撲は、右腕は弱いのですが、左腕はめっぽう強い。

当然、「あっ、左手でやりたいです！」と申し出て、1回勝負のジャンケンに勝ち、左手での腕相撲勝負に持ち込むことができたから、勝つことができたのです。

もし、あのとき、ジャンケンに負けていたら、腕相撲に負けて、月曜日から会社に出ていたことでしょう。それを考えるとゾ〜ッとします。

○×クイズもそうですが、**ジャンケンについてもまた、「そこまでやったのなら」と幸運の女神が微笑んでくれたのではないか**と思っています。

だって、普通、「左手でやりたい人がいたら、1回勝負のジャンケンで、どっちの腕で腕相撲をするかを決める」なんていう裏ルール、わざわざ設定されませんよね。

そんなルールが設定されて、それを活かして、私は成田空港を脱出できて、ウルトラクイズの旅に参加することができた。

扉ページの中谷彰宏氏の名言のように、**「ウルトラクイズの旅」から、選んでもらうことができた**、と思っているのです。

33 奇跡のルート

第10回のウルトラクイズで初めて予選を突破できたことが、「幸運の女神からの私へのプレゼント」なのではないかと思える理由の1つに、そのルートがあります。

私には、それまで、第9回までのウルトラクイズをテレビで見続けてきて、あるいは、映画などでアメリカの景色を見て、「**ああっ、この場所には、ぜひ、ウルトラクイズで行ってみたい**」と思った場所が3つありました。

それは、次の3か所です。

●ナイアガラの滝

言わずと知れた観光地ですね。たぶん、私にとっては、モノゴコロがついてから、最初に知ったアメリカの名所だと思います。ここは、ぜひ見たかった。

●モニュメントバレー

砂漠のなかに、メサと呼ばれる台形をした岩山がいくつもそびえたつ、西部劇の代表的な舞台ですね。エッセイストの木村東吉さんの著書、『ロング・ロング・トレイル』（産業編集センター）によれば、ここが、名画『駅馬車』のロケ地に選ばれたのは、映画会社が新しいロケ地を探していると知った1人の白人男性が、この地に住むナバホ族の貧困を救うために、この地の写真を映画会社に持ち込んだのがきっかけだったとか。写真に写るモニュメントバレーの景色をひと目見て惚れ込んだジョン・フォード監督は、写真を見た3日後には『駅馬車』のロケを始めたのだそうです。

●エルパソ（ホワイトサンズ国定公園）

ニューメキシコ州の荒野に忽然と現れる純白の砂漠、ホワイトサンズ国定公園。第5回のウルトラクイズで見たこの地の景色は幻想的でした。広さは、東京都の約4分の1もあります。白い砂の正体は、アラバスターという雪花石膏(せっかせっこう)。天然に産する硫酸石灰(=カルシウムの硫酸塩)が長い年月をかけて風化して砂のようになったもの。いわば、塩の砂漠です。「こんなところで、クイズをやるなんて、ウルトラクイズってスゴイ!」と、感動してテレビを見ていました。

この3か所が、「ウルトラクイズで行ってみたい場所」のベスト3でした。

もう、お気づきですね。

やっと夢が叶って、後楽園予選を突破し、日程表を渡され、そのルート(もちろん、途中から、南米ルートと北米ルートに分かれることは隠されていました)を見たときは、本当に身体が震えるくらいに驚きました。

だって、あなた。私が**「ウルトラクイズで行ってみたい」と夢見ていた3つの場所が、もの**

の見事に、ぜ～んぶ、ルートのなかに入っていたのですから！

これはもう、「幸運の女神からの私へのプレゼント」だと、私が妄想しても無理はないとわかっていただけますよね。

このこと1つをとっても、私は、あの年、間違いなく、「ウルトラクイズという旅に、旅人の1人として運命的に選ばれた」のだと思ってしまうのです。

「旅のよい道づれは旅路を短くさせる」

アイザック・ウォルトン（イギリスの伝記作家）

34

明日いなくなる誰かのための……

成田のジャンケン……ではなく、うで相撲を突破した私。

機内のペーパークイズを抜け、グアム島での○×泥んこクイズ（○と×が描かれた壁を突き破って正解だと思うほうに飛び込む。不正解だと泥まみれになるというアレです。今でもよく、バラエティ番組でこのクイズのオマージュを見かけますよね）もクリア。

ハワイでの綱引きクイズ（何度も綱引きをして、終わった後、腕の痙攣がしばらくとまりませんでした（笑））も抜けることができ、ついに、アメリカ本土へ上陸しました。

ここまで勝ち残ってきた挑戦者、いわゆる「本土組」は、全部で22名。

その頃になると、挑戦者たちは、お互いに名前を覚え合い、打ち解けています。

いわば、団体旅行で一緒のツアーに参加した「旅は道連れ」の仲間同士のような関係になるのですね。

第10回の挑戦者は、学生だけでなく、いろいろな仕事をしているメンバーも多く、バラエティに富んでいて、皆、とても仲良くなりました。扉ページの名言のように、「**旅のよい道づれ」は、旅を楽しくさせ、時間を短く感じさせてくれるもの**だったのです。


しかし、普通の団体旅行とウルトラクイズの旅で絶対的に異なることは、その「よき道づれたち」と最後まで旅が続けられないということ。

チェックポイントでクイズをやるたびに、誰かが敗者となり、旅からフェイドアウトしなければなりません。

なにしろ、だだっ広いアメリカ大陸ゆえ、バスにしても、飛行機にしても、チェックポイントからチェックポイントまでの移動には、ほとんどの場合丸1日がかかります。

そのため、クイズの本番は、だいたい2日〜3日に1回のペース。

そのペースで、1人、また1人と、人数が少しずつ減っていくのです。
「道づれ」が、少しずつ、少しずつ減っていくという、不思議な旅。
それが、ウルトラクイズの旅でした。
さて。
それは、「明日は、クイズの本番」という、ある日の夕食でのことでした。
1人が、ポツリとこんなことを言ったのです。

「**この夕食は、明日負ける誰かの送別会みたいなものだよね**」

おおっ！　名言！
たしかに、このなかの誰かは、明日、クイズに負けて帰国します。
つまり、明日の夕食のときには、もう……いない。
そう言われて、あらためてメンバーの顔を見回すと、みんな、もう別れたくない。
まだまだ、一緒に旅を続けたい仲間ばかりなんです。

仲良くなっているのに、ずっと旅を続けることができないって、寂しい。

そもそも、私がウルトラクイズに惚れ込んだのは、前述のとおり、仲間が負けて帰国するときに、挑戦者が涙を流したシーンを見たことです。

この「明日負ける誰かの送別会」という言葉を聞いたときは、今、まさに自分が、かつてテレビで見た挑戦者の立場になったのだ……と、感慨深いものがありました。

ウルトラクイズでは、クイズの本番が終わると、勝者は、敗者を残して、すぐにその場を去ります。つまり、敗者になった者とは、ひと言も言葉を交わすことができないのです。

それは、敗者が負けたあとの「素の表情」を撮りたいという、プロデューサーの意図があって、徹底されていました。

本番が終われば、有無を言わせない別れが待っている……。シビアでした。

ちなみに、別の挑戦者はこんなことを言っていました。

「**俺たちは、戦友だから……**」

おおっ、これも名言！　……と、思ったけれど、クイズの本番で戦うのは挑戦者同士。

「**お互いに、戦い合う戦友**」**という、実にどうも複雑な関係**だったわけです。

35 滝に縁がない男

私が参加した『アメリカ横断ウルトラクイズ』は、奇しくも第10回。放送開始から10年目の節目となる、「記念大会」でした。

実は、その後に放送された、すべてのウルトラクイズを入れても、この第10回大会が、もっともチェックポイントの数が多く、総放送時間も最長（『木曜スペシャル』で4週にわたって放送）なのです。私としては、ウルトラクイズの旅を堪能し尽くしたわけですね。

チェックポイントの数が最大になったのは、途中で参加者が「南米ルート」と「北米ルート」に分かれ、最後に「南米チャンピオン」と「北米チャンピオン」がニューヨークで決勝を戦うという大胆なルート設定をしたことも、その理由の1つでした。

なんでも、「途中からルートを2つに分ける」というだけで、番組の予算が倍近くかかるそうで、この形式が行なわれたのは、この第10回大会のみ。これも、記念大会だからこそ、予算が承認されたのでしょう。

ルートが途中から分かれることは、挑戦者にはいっさい秘密でした。

はじめて説明があったのは、挑戦者が、南北のどっちのルートに行くかを勝ち抜け順に選択していくというアトランタでの「南・北お別れ早押しクイズ」の本番中。福留さんからのルール説明のときです。

前述のように、ウルトラクイズは、挑戦者たちの「素の表情」を撮ることにこだわっていたので、「本番で、はじめてルートが分かれることを知らせて、驚く顔」を撮りたかったというわけですね。

さて。

この「南・北お別れ早押しクイズ」で、2番目に勝ち抜けた私は、迷わずに「北米ルート」(オーランド→マイアミ→ナイアガラ→ニューヨーク)を選びました。

その理由は2つ。

最大の理由は、トップで抜けた、クイズ王の森田氏が南米ルート(ラパス→チチカカ湖→リオデジャネイロ→ニューヨーク)を選択したから。

そう、**決勝戦で彼と戦いたかった**のです。

そして、2つ目の理由は、**ナイアガラの滝が北米ルートのなかに入っていた**から。

ほら。ナイアガラの滝が、「ウルトラクイズで行ってみたいと思っていた3か所」のうちの1つだということは、もう、お話をしましたよね。他の2か所、西部劇の舞台、モニュメントバレーと、塩の砂漠、ホワイトサンズは、このときすでに、念願かなって行くことができていました。

ですから、クイズを勝ち抜けた私に、司会の福留さんが「さあ、どっちのルートを選ぶ?」と聞いてきたときには、元気よく、こう答えました。

「ナイアガラの滝を見たいので、北米ルート！」

もし、最初に抜けた森田氏が「北米ルート」を選んでいたら、泣く泣くナイアガラの滝をあきらめて、南米ルートを選ばなくてはならなかったところでした。

南米ルートを選んでくれた森田氏に、いまさらながら感謝です（笑）。


北米ルートを選んだ私は、準決勝の地になっているナイアガラの滝をこの目で見るのを楽しみにしていたのです。

と……、ところが……。

結論から言うと、私はナイアガラの滝を、ただのひと目も見ていないのです。

なぜなら、**滝の上の部分のすぐ横にある公園が、本番の舞台になってしまった**から！


準決勝の当日。私を含めた北米ルートの生き残り3人の挑戦者は、本番がはじまるまでは、ずっとバスのなかで待機していました。やがて、用意ができたところでクイズ会場まで移動。早押しクイズの回答者席に座ると、あっという間に本番が始まります。

この時点で、私はまだ、滝をぜんぜん見ていません。

いや、それどころか、「ここで負けたら、『ウルトラクイズでニューヨークへ行く』という夢が果たせなくなる」と、考えていた私は、**人生で1番と言ってよいくらいに気合いが入っていて、オーバーではなく、周りの景色がいっさい目に入っていませんでした。**

本当に、滝の音すら、耳に入っていなかった。

勝ち抜けを決めた瞬間は、ガラにもなく、「やったーーーっ！」と、心からの雄たけびを上げたほどですから、我ながらスゴイ気合いだったと思います。

クイズが終わって、ニューヨーク行きを決めたあと、マイクを向けられた私が、「**やっと見えるようになった……**」とつぶやいたのは、そういう理由からだったのです。


クイズの本番が終わると、私は、スタッフに連れられて、すぐさまバスに戻りました。

そして、ほどなくバスはナイアガラをあとにして、私だけホテルに戻ったのです。

そう。**結局、念願だったナイアガラの滝は、一瞬たりとも見ていません。**

クイズの回答席のすぐ後ろが川でしたから、ほんの少し歩いて、のぞき込めば、滝が見えたはずなのに……。

あのとき、もし、「滝をひと目見てからホテルに戻りたい」と申し出ても、願いは聞き入れられなかったでしょう。だって、ナイアガラの滝では、私に負けた2人の罰ゲーム（ウルトラクイズの敗者には、必ず罰ゲームがありました）を収録していたのですから……。

ひえ〜！　あそこまで行って、それはないでしょう！

ちなみに、私は、小学生のときに、修学旅行で日光に行ったときは、華厳（けごん）の滝まで行ったのに、おりからの水不足で、水がチョロチョロと流れている状態でした。

まあ、「水がほとんど落ちていない華厳の滝」というレアなものが見られたのは、ラッキーだったのかもしれませんが、いまだに、普通の姿をした華厳の滝は、見たことがありません。

ナイアガラの滝も、華厳の滝も、すぐそばまで行ったのに見ることができずじまい。

うーむ。なぜか、不思議と、滝に縁がない私。

ご先祖様が、滝つぼに落ちたとか、なにか因縁でもあるのかしらん……。

36 ニューヨークの恋人

ウルトラクイズに恋焦がれて、出場を夢見たクイズ好きたちにとって、ニューヨークの自由の女神は、特別の意味を持つ存在でした。

前述のように、ウルトラクイズの国内予選、○×クイズの1問目は、ニューヨークの自由の女神に関するものが出題されるのが定番だったからです。

まだ、インターネットがない時代、私を含めて、当時のクイズ好きたちは、こぞって自由の女神について調べまくり、1問目の突破を目指したのです。

かく言う私も、もちろん、自由の女神について調べまくりました。

当時の私にとっては、もう、自由の女神は、ウルトラクイズの象徴そのもの。**「ニューヨークの恋人」と言ってもよいくらいの存在**だったのです。

そんなわけで、北米コースを選択し、ナイアガラでの準決勝を抜けて、ニューヨークにたどりついた私は、翌日の自由時間に、いさんで自由の女神を見に出かけたのでした。

ニューヨークは、それまでまわってきたアメリカのほかの都市とは、まったく雰囲気が違いました。

ひと言で言えば、「タフな町」。

そびえたつ高層ビル群。道を行き交うイエローキャブ（タクシー）。街をゆく人たちも、どこか、仕事ができそうで、さっそうと歩いている……。

夜中にふと目が覚めて、ホテルの窓から、はるか下の道を見下ろすと、夜中の2時、3時なのに、人がたくさん歩いていました。それまで、チェックポイントで立ち寄った多くの町では、夜の9時にはオモテを歩いている人は皆無だったので、「この町は違う……」

というのが、私のニューヨークの印象でした。

南米ルート組の決勝進出者のニューヨーク到着は、私よりも1日あと。というわけで、私には、丸1日、ニューヨークでの自由時間があったのです。

これは、自由の女神を見に行かない手はないではありませんか！

ニューヨークの自由の女神像は、リバティ島という小島にあります。

その昔、ニューヨークに船で訪れた移民たちの多くは、移民船からこの自由の女神を見て、アメリカに着いたことを実感したのです。

大好きな映画、『ゴッドファーザー PARTⅡ』には、のちにゴッドファーザーになるヴィトー・コルレオーネ少年が、移民船から自由の女神を見るという名シーンがあります。

そんなわけで、自由の女神は島にあり、そのもとに行くには、マンハッタンにあるバッテリーパークというところからフェリーで渡るのですね。

と、そこまでは知っていた私、イエローキャブでバッテリーパークに着いたものの、フェリーのチケット売り場がどこなのかさっぱりわからない。公園にいる人に、つたない英語で、「リバティ島にいきたい、チケットどこ?」と聞くと、はるか向こうにある建物を指さすではありませんか。

とりあえず、そこまで歩いてチケットを買って、流れのままにフェリーに乗り込みました。あのフェリーがもしカナダ行きだったら、翌日のウルトラクイズの決勝は、北米チャンピオン行方不明のため、森田氏の不戦勝になったことでしょう(笑)。

乗り込んだフェリーは運よくリバティ島に行ってくれました。

女神は、内部に入ることができて、頭部のクラウンの部分にまで上がれるようになっています。私は、島への到着時間が遅かったので、残念ながら、外から女神を見ただけでしたが、間近で見るニューヨークの恋人の姿に大満足したのでした。

島からバッテリーパークへもどるフェリーのデッキからは、夕焼けよってバラ色に光るマンハッタンの摩天楼が……。

そのあまりの美しさに、私のすぐ横にいた車椅子の老婦人が、その景色を見ながら、「イッツ　ビューーティフォー」とつぶやいていたのが忘れられません。

驚いたことに、翌日、森田氏との決勝戦の舞台は、その、リバティ島でした。それまでの決勝戦は、パンナムビルの屋上が恒例だったので、まさに驚き。振り向けば、自由の女神を見上げられるという島の船着き場に早押し席を2つ並べてのクイズは、自由の女神に恋した男の最後の舞台にふさわしい場所でした。

すべてのクイズが終わったあと。

優勝した森田氏が福留さんから勝者インタビューを受けているとき。

私は、回答席に座ったまま、振り返って自由の女神を見上げました。

そして、「**中学生のときから今まで、夢を見させてくれてありがとう。そして、こんなスゴイ体験をさせてくれてありがとう**」と、心のなかで自由の女神にお礼を言いました。

そのお礼の意味を込めて、ほんの一瞬、敬礼をしたのです。

まさか、そのシーンがバッチリとカメラに撮られていて、しかも、オンエアされるとは夢にも思いもしませんでしたが……。

日本に戻ってから、第4週目の収録で、スタジオに呼ばれ、はじめてオンエアのビデオを見て、「と……、撮っていたのか、あの私の敬礼を……」と驚いたのでありました。

私の人生において、最大の旅、アメリカ横断ウルトラクイズ。

その思い出を語れば、ひと晩でも尽きません。

そして、その体験が、私にクイズ王という称号を与え、のちに本を出版する後押しをしてくれました。

あの、後楽園予選に通った日、福留さんが勧めてくれた**「現代の冒険」は、私の一生を大きく変えてくれた**のです。

37 ニューヨークから戻ってみたら

第5章では、今まで本のなかでもほとんど触れてこなかったウルトラクイズの旅についてお話をさせていただきました。

いかがでしたでしょうか?

さて、この章の最後に、ウルトラクイズの旅から戻ったあとの後日談です。

私がウルトラに行っている間、会社の多くの社員は、「たしか新卒に西沢というのがいたけど、最近、ずっと見かけてないな……辞めたのか」と思っている状態だったわけです。

何しろ、新社会人として、いきなり1か月間休みをとるなど、人としてあるまじき行為なので（笑）、「ウルトラクイズに行ってきまーす！」と、社内に宣伝することなく、同じ係の人以外には、ほとんど何も告げずに行ったのですから当然のことでしょう。

ウルトラクイズは、収録してから放送まで、約1か月ありました。

ですから、帰国後、今度は、「会社を辞めたと思っていた西沢、辞めてなかったんだ」という状態が1か月続いたわけですね。


そんな状況が一変したのは、全部で4週間にわたって放送されたウルトラクイズの第3回目のオンエアがあった翌日あたりからです。


今のようにネットがありませんから、私がウルトラクイズに出たことを知るのは、テレビ放送で私を画面で見るしかないわけです。

第1週目はほとんど映りませんし、第2週目もまだ、残っている挑戦者が多い。

3週目になって、「アメリカ本土組」の人数が減り、ようやく、私のことを知る人たちの間で、私が出ていることが認識されはじめたのですね。

親戚や学生時代の友だちから自宅に電話がきたり、会社でも、他の部門の人から、「昨日、テレビ出てた？」と声をかけられるようになったりしました。

しかし、その反応は、まだ、生やさしいものでした……。本当にたいへんなことになったのは、第4週目の放送後だったのです。

第4週目の放送の翌日。

私は、通勤電車のなかで、恐怖の体験（？）をしました。

第4週ともなれば、準決勝、決勝と、イヤでも顔が大写しになります。

しかも、自慢ではありませんが、割と特徴的な姿かたち（笑）なので、見間違えのしようがない。世間さまからしたら、「テレビで見たまんまの人物が目の前にいる」という状態になったのですね。

なにしろ、当時のウルトラクイズの視聴率は軽く20パーセントを超えていました……。

そんな番組に、自分の顔がバッチリ流れるということをナメていました。

私は、生まれて初めて、「指名手配の犯人」の気持ちを肌で感じることになったのです。

それは、放送翌日の通勤電車でのこと。

私の数メートル先にいた高校生らしき男子3人組が、何やら私を指さしている。

そして、そのなかの1人が、車内に響くくらいの声で、こう言ったのです。


「あれって、ニシザワじゃね？」


ひいいいい〜〜〜っ！

全身の血の気が引くというのは、ああいう瞬間を言うのでしょう。

「おお、そうだ！　ニシザワだ！」

「ニューヨークで負けてた、ニシザワだ！」

3人とも、大きな声で盛りあがり、車内のお客の視線が私に集まります。

たぶん、今なら、テレビ番組に出ていた人がいても、さほど騒がれないでしょう。

でも、当時は時代が違った。私のほうも、いたいけな（？）20代前半の若者で、チキンハートでした。

今なら、「あっ、見てくれたんだ。ありがとう」なんて、余裕をかまして言えたかもしれませんが、当時は、ただ、身を固くして、顔を伏せ、心のなかで全身にバリアをはって、聞こえないフリをするのが精いっぱいでした。


その日は、会社への行きと帰り、つまり街なかを移動するのがたいへんでした。

印象的だったのは、地下鉄の階段ですれ違った男性。

階段を降りる私とすれ違うとき、ふと目が合って、思わず私の顔をガン見。

「昨日のウルトラに出ていたヤツだ！」と確信したのでしょう。そのまますれ違ったものの、10メートルくらい離れてから、私の背中に向かって、こう叫んできました。

「ニューヨークへ行きたいかーーーっ！」

階段のはるか上から、こう叫ばれたら、私としても反応するのが礼儀です（そうなのか？）。

階段下の私は、振り返って、右手をあげながら、小っちゃな声で「おーーーっ」と応えたのでした。

その後も、オンエア後、1か月くらいは、街角で、通りすがりの知らないおばちゃんから、「あらっ？　どっかで見た顔？」と言われたり、ビジネスマン風の人から「えーと、どこかでお会いしたことありませんでしたっけ？」と名刺を渡されそうになったり……。

そんな日々でした。

当時は、それこそ、毎日のように「見られている……」と感じましたが、それもだんだんと薄れ、声をかけられることも減って、いつの間にか普通の生活に戻りました。

その後も、私は何度もクイズ番組に出ましたが、あそこまで声をかけられ、露骨に顔を見られたのは、ウルトラクイズだけ。

やはり、スゴイ番組だったのですね。

今となっては、はずかくしも、懐かしい思い出です。

おわりに

「旅の本」ではなく、「旅のような本」

最後まで読んでいただきありがとうございました。

「コレハ、タビノホンダッタノカ？」

そんな、あなたの心の声が聞こえてきそうです（笑）。


ある日のこと。

産業編集センター（SHC）の編集者、Oさんから、メールが届きました。

「旅や旅行をテーマにした本を書いていただけませんか？」

Oさんとは、これまでに『仕事に効く！　ビジネスをハピネスに変える考え方のコツ』

ます。

『「読むだけで売れる」魔法の物語』という2冊の本でお仕事をご一緒させていただいてい

とくに、カリスマ実演販売員の河瀬和幸さんとの共著で、私が出した唯一の小説形式の本、『「読むだけで売れる」魔法の物語』では、登場人物たちのイメージ画などで、こだわりの編集をしてくださった恩義がある編集者さんです。

しかし、数年前に「ビジネス書を編集する部門」から、「旅と旅行に関する本を編集する部門」に異動になってしまい、以来、ずっとご無沙汰していました。

そんなOさんからの突然の執筆依頼。

喜んでお引き受けしたいところですが……。

「旅や旅行をテーマにした本」を書いてほしいと言われても、私は、世界各国をまわった経験もなければ、全国の川をカヌーで下ったこともありません。

山登りもしないし、キャンプも……というか、ガチガチのインドア派。

「あの〜、私、そもそも、旅や旅行の経験が少ないのですが……」

そう言うと、「大丈夫です、西沢さんにしか書けない、旅に関する本を書いていただければオーケーです」と。

そう言われると、私も、その気になって、「**それでいいなら、書けます**」と（笑）。

結果的に、いかにも私らしい「旅の本のような本」ができたのではないかと思ってます。


私が好きな人気作家、ひすいこたろうさんは、こんなことを言っています。

「人は、あの世から、期限付きの観光旅行をするために生まれてきた」

だから、人生は楽しまなくてはいけないと。

だって、観光旅行なんですから。しかも期限付きの。


人はあの世から来て、また、あの世へと旅立つまでの間、「この世ツアー」という観光旅行を楽しんでいる。

その考え方、激しく同意です。

あなたもぜひ、「この世ツアー」という旅行を楽しんでください。

ほかの旅行者に迷惑さえかけなければ、どんなオプショナルツアーに参加するのも自由です。

あなたの「人生」という旅に、乾杯！

西沢泰生

主な参考文献

主な参考文献は次の通りです（順不同）
『グズグズしない人の61の習慣』中谷彰宏著　きずな出版
『ロング・ロング・トレイル』木村東吉著　産業編集センター
『わたくしが旅から学んだこと』兼高かおる著　小学館文庫
『深夜特急』沢木耕太郎著　新潮文庫
『最高のアウトプットができる スゴイ！ 学び方』山﨑拓巳著　かんき出版
『国境のない生き方　私をつくった本と旅』ヤマザキマリ著　小学館新書
『万事正解』角野卓造著　小学館
『ディズニーと三越で学んできた日本人にしかできない「気づかい」の習慣』上田比呂志著　クロスメディア・パブリッシング
『接客の一流、二流、三流』七條千恵美著　明日香出版社
『伝説の気づかい』重太みゆき著　三笠書房
『リッツ・カールトン　至高のホスピタリティ』高野登著　角川oneテーマ21
『魔法のことば、Thank You！ これから留学を考えているあなたへ』土肥妙子著（電子書籍）
『鬼の女子力　青鬼編』8田K子著（電子書籍）

西沢泰生（にしざわ・やすお）

1962年、神奈川県生まれ。

子どもの頃からの読書好き。「アタック25」「クイズタイムショック」などのクイズ番組に出演し優勝。「第10回アメリカ横断ウルトラクイズ」ではニューヨークまで進み準優勝を果たす。就職後は、約20年間、社内報の編集を担当。その間、社長秘書も兼任。

主な著書：『壁を越えられないときに教えてくれる一流の人のすごい考え方』（アスコム）／『夜、眠る前に読むと心が「ほっ」とする50の物語』『伝説のクイズ王も驚いた予想を超えてくる雑学の本』（三笠書房）／『大切なことに気づかせてくれる33の物語と90の名言』『コーヒーと楽しむ 心が「ホッと」温まる50の物語』（PHP文庫）／『朝礼・スピーチ・雑談 そのまま使える話のネタ100』（かんき出版）／『仕事に効く！ ビジネスをハピネスに変える考え方のコツ』『「読むだけで売れる」魔法の物語』（産業編集センター）他。

メールの宛先（＝執筆依頼先）yasuonnishi@yahoo.co.jp

わたしの旅ブックス

016

心がワクワクして元気が出る！

37の旅の物語

2019年10月16日　第1刷発行

著者――――西沢泰生

デザイン――――マツダオフィス
編集――――及川健智（産業編集センター）

発行所――――株式会社産業編集センター
〒112-0011
東京都文京区千石4-39-17
TEL 03-5395-6133　FAX 03-5395-5320
http://www.shc.co.jp/book

印刷・製本――――株式会社シナノパブリッシングプレス

ISBN978-4-86311-241-4 C0026

006
用事のない旅
森まゆみ

町歩き、聞き書きの名手が贈る珠玉の旅エッセイ集。女一人旅や旅の流儀など、著者の感性が随所に光る。

007
旅する歴史家
河合敦

歴史家になるまでの半生を、旅になぞらえて振り返った著者初の自伝的エッセイ。初公開エピソード満載。

008
わが天幕焚き火人生
椎名誠

著者の〝天幕人生〟を綴った表題作の他、単行本未収録のエッセイを収録。シーナワールド全開の一冊。

009
旅のアイデアノート
森井ユカ

世界を旅する雑貨コレクターが教える、本当に役立つ旅のアイデア100。

010
イランの家めし、いただきます！
常見藤代

ひとりでイランの家庭を泊まり歩いた心あたたまる旅の記録。写真家でもある著者の美しい写真も満載。

011
考える旅人 世界のホテルをめぐって
山口由美

ノンフィクション作家のオピニオンエッセイ集。世界のホテルを旅して考えたことを硬質な文体で綴る。

012
東欧　好きなモノを追いかけて
久保よしみ

東欧雑貨の第一人者による買いつけ旅日記。東欧の20年と人々の暮らしが見えてくる一冊。

013
ダリエン地峡決死行
北澤豊雄

コロンビア・パナマ国境の危険なジャングル地帯の踏破に挑んだ、ある一人の男の冒険ノンフィクション。

014
シニアのための島旅入門
斎藤潤

日本の有人離島をほぼ踏破した島の達人による「島旅入門書」。豊富な情報と写真が島旅へと誘う一冊。

015
今すぐ出かけたくなる魅惑の鉄道旅
野田 隆

「乗り鉄」のベテランが厳選した今おすすめの40の鉄道旅を紹介。観光列車からローカル線までを網羅。